L'ESCOLIER

DE

SALAMANQUE

OV

LES GENEREVX

ENNEMIS

Tragicomedie

deM: Scaron

L'ESCOLIER
DE
SALAMANQVE,
OV
LES GENEREVX
ENNEMIS.
TRAGI-COMEDIE
DE MR SCARRON.

Dediée à son Altesse Royale
MADEMOISELLE.

A PARIS,

Chez ANTOINE DE SOMMAVILLE,
au Palais, en la Gallerie des Mer-
ciers, à l'Escu de France.

M. DC. LV.

Auec Priuilege du Roy.

A SON ALTESSE
ROYALE.

MADEMOISELLE,

L'Escolier de Salamanque est vn
des plus beaux sujets Espagnols, qui
ait paru sur le Theatre François depuis la belle Comedie du Cid. Il don-
na dans la venë à deux Escriuains
de reputation en mesme temps qu'à
moy. Ces redoutables Concurrens ne
m'empescherent point de le traitter?
Le dessein que i'auois il y a long têps

ã iij

de dedier vne Comedie à V. A. R. me
rendit hardy comme vn Lyon, & ie
crûs que trauaillant pour son diuer-
tissement, ie pouuois mesurer ma
Plume, mesme auec telle de quelque
Poëte Heroïque, fut-il du premier
ordre, & de ceux qui chaussent le
Cothurne à tous les iours. Ie doute si
Apollon bien inuoqué, & ma Muse
bien sollicitée, m'eussent esté des Di-
uinitez plus fauorables, que me l'a
esté vôtre Altesse, & si plusieurs prises
à pleine tasse d'eau du sacré Vallon,
m'eussent fait môter plus de vapeurs
Poëtiques à la teste, qu'a fait l'am-
bition de vous plaire. Elle a eu des
Obstacles à surmonter, comme les
grands desseins en ont tousiours. On
a hay ma Comedie deuant que de la
connoistre. De belles Dames qui sont
en possession de faire la destinée des

Pauures humains, ont voulu rendre
mal-heureuse celle de ma pauure Comedie. Elles ont tenu Ruelle pour
l'étouffer dés sa naissance. Quelques
vnes des plus partiales ont porté contre elle des Factums par les Maisons
comme on fait en sollicitant vn Pro-
cés, & l'ont comparée d'vne grace
sans seconde, à de la Moutarde mélee
auec de la Cresme : Mais les compa-
raisons nobles & riches ne sont point
deffenduë, & quãd par plusieurs autres de mesme force, on auroit perdu
de reputation ma Comedie, l'applau-
dissement qu'elle a. eu de la Cour &
de la Ville, luy en auroit plus rendu,
que ne luy en auroit pû oster vne con-
juration de precieuses. Que si ie suis
assez heureux, pour auoir aussi l'ap-
probation de V.A. ie me croiray glo-
rieusement vengé des Dames sans

pitié, qui ont tant voulu faire de
mal à qui ne leur auoit iamais rien
fait. VOSTRE ALTESSE,
clairuoyante comme elle est, aura remarqué sans doute, que mon
Epistre, qui ne doit estre pleine que
de ses loüanges, ne l'est iusqu'icy que
des auantures de ma Comedie ; que
i'en parle trop auantageusement ; &
enfin, qu'il semble, que la plume à la
main ie ne connois plus personne, &
ne me connoy pas moy mesme. Il est
vray que les Epistres Liminaires
doiuent estre des Panegyriques en
Petit. Mais V.A. est trop juste pour
ne considerer pas, qu'il est impossible
de la loüer autant qu'elle merite d'e-
stre loüée, & que c'est tout ce que
pourroient faire les Donneurs de
loüanges qui durent eternellement.
Les façons de parler sont deffectueu-

ses où la matiere est trop abondante,
& tout ce qu'on peut s'imaginer à la
loüange d'vne Princesse d'vn merite
extraordinaire, ne peut quasi estre
que des redites. Diray-je que V. A.
est du plus Illustre Sang du Monde?
Il n'y a que quelques Indiens des
plus éloignez du commerce des hommes qui le puißët ignorer. Parleray-
ie de son Courage? qui est, si ie l'ose
dire, encore plus grand que sa condition. Parleray-ie de son Esprit, que
les Hyperboles mesme ne peuuët assez
exagerer? De sa Beauté, de sa Taille
& de sa Mine? qui peuuent seruir d'vn riche patron aux meil-
leurs Poëtes, pour representer non
seulement vne Heroïne bien ve-
rifiée; mais aussi vne Diuinité telle
que la Mere d'Aenée est admirable-
ment bien décrite dans l'inimitable

Virgile. Ou ie ne dirois pas tout ce
qu'il faut dire, ou ie le dirois mal. Ie
feray donc mieux de finir, en prote-
ftant que ie fuis plus que perfonne
du monde,

De V. A. R.

Tres-humble & tres-
obeïffant feruiteur,
SCARRON.

Extraict du Priuilege du Roy.

PAr grace & Priuilege du Roy, donné à Paris le 4. Decébre 1654. signé BERAVD, & seellé, il est permis à ANTOINE DE SOMMAVILLE Marchand Libraire à Paris, d'imprimer ou faire imprimer vne piece de Theatre intitulée *L'Escolier de Salamanque, ou les Genereux Ennemis*, de la composition du Sieur SCARRON, pendant le temps & espace de 5. ans, à compter du iour qu'il sera acheué d'imprimer pour la premiere fois, & deffenses à tous Imprimeurs, Libraires & autres, de l'imprimer ou faire imprimer, vendre & debiter sãs son consentement à peine de confiscation des exemplaires, cinq cens liures d'amande, & de tous despens dommages & interests, comme il est plus au long porté par lesditesLettres de Priuilege.

Acheué d'imprimer pour la premiere fois le dernier Decembre 1654.

ACTEVRS.

LE COMTE.

CASSANDRE, Sœur du Comte.

DOM PEDRE DE CESPEDE, Escolier.

LEONORE, Sœur de Dom Pedre.

DOM FELIX DE CESPEDE, Pere de Dom Pedre.

CRISPIN, Valet de Dom Pedre.

BEATRIS, Suiuante de Leonore.

LISETTE, Suiuante de Cassandre.

ZAMORIN, Braue.

LA TAILLADE, Braue.

4. Braues.

VN PREVOST.

ARCHERS.

La Scene est à Tolede.

L'ESCOLIER
DE
SALAMANQVE,
OV
LES GENEREVX
ENNEMIS.
TRAGI-COMEDIE.

ACTE I.
SCENE I.

LE COMTE, LEONORE, BEATRIS.

LE COMTE.

Ovs ne voulez donc pas, Madame, que
ie forte ?

LEONORE.

Non, ie ne le veux pas. Ferme, ferme
la porte.

LE COMTE.

Ouure moy, Beatris,

BEATRIS.

Ie ne puis , ny ne dois.
Maudit soit le verrouïl qui m'a pincé les doigs.

LE COMTE.

Beatris,

LEONORE.

Ferme-là, quoy qu'il te puisse dire.

BEATRIS.

Elle l'est autant vaut.

LE COMTE.

Madame, est-ce pour rire
Que vous voulez ainsi m'enfermer mal-gré moy ?

LEONORE.

Non, c'est pour t'esprouuer.

LE COMTE.

M'esprouuer ! & pourquoy ?

LEONORE.

Tu ne t'en iras pas sans m'auoir escoutée.

LE COMTE.

S'il ne tient qu'à cela , vous serez contentée.

LEONORE.

Mais ie veux qu'on m'escoute auec attention.

BEATRIS.

Mais vous ; parlez plus bas de peur d'inuasion,
Nostre vieillard qui dort, est d'vn sommeil fort ten-
dre ;
Si vous parlez trop haut, il pourra vous entendre.

LE COMTE.

He bien, Madame,

LEONORE.
Hé bien, pour me faire escouter,
Deurois-je estre reduite à te faire arrester ?
Est-ce là l'action d'vn amant si fidelle ?

LE COMTE.
Madame, ie me tais : Mais vous cherchez querelle.

LEONORE.
Ie ne la cherche point : mais toy m'en accuser
C'est m'en vouloir faire vne, & c'est en mal-vser.
Depuis que tes respects, tes souspirs, & tes plaintes,
Ont sçeu gagner mon cœur & dissiper mes craintes,
Enfin depuis le temps que la premiere fois,
Tu me iuras de viure & mourir sous mes Loix.
Deux hyuers à la terre ont ses beautez vollées,
Et deux estez deux fois les ont renouuellées.
Mon esprit, cependant par le tien enchanté,
N'a iamais eu soupçon de ta sincerité,
Et sur moins de sermens, de lettres, de promesses
Ne t'en auroit pas moins tesmoigné de tendresses.
Pendant cét heureux temps que Tolede & l'Amour
Te faisoient oublier & Madrit & la Cour ;
Tu sçais bien que mes yeux dès Galans de Tolede,
Estoient en mesme temps le mal & le remede.
T'ayant donné mon cœur, les autres vainement
Cherchoient dans mes faueurs le moindre allegement,
Quoy que de ton amour trop tost persuadée,
Ma vertu toutesfois m'auoit tousiours guidée.
Ie reglois mes faueurs aux loix de mon honneur ;
Alors que trop sensible aux souspirs de ton cœur,
Ou pour dire le vray, trop inconsiderée,
Dans mon appartement ie te donne vne entrée.
Là sans prester l'oreille à ma foible raison,
Et sans m'asseurer mieux contre vne trahison ;
Sur vn simple papier tu vois que ie m'expose,
Aux transports indiscrets d'vn amant qui tout ose.
Peut-estre que ton feu deuient desia plus lent,
Parce qu'il a trouué le mien trop violent.

La crainte d'vn mespris m'a desia l'ame atteinte,
Desia le repentir accompagné ma crainte :
Mais à ce repentir, cher Comte, si tu veux
Tu feras succeder la ioye, & tu le peux.
Tu sçais que nostre Race est égale à la tienne,
Et que pour estre pauure, elle est fort ancienne.
Ta promesse t'oblige à me donner la main ;
Ta foy de l'accomplir sans attendre à demain.
Tu despens de toy mesme, & contre ta parole,
Tu ne peus m'alleguer qu'vne excuse friuolle ;
Et puis que mon amour fait vn excés pour toy,
Il faut que ton amour fasse vn excés pour moy :
Mais que dis-je vn excés ? Tout ce que tu peux faire,
Et mesme cét Hymen ne me peut satisfaire,
S'il faut que cét Hymen que ta main m'a promis,
Par ton cœur reffroidy soit tant soit peu remis.
L'honneur que i'en reçois, qui d'autát plus me touche,
Qu'il n'aura rien d'indigne exigé de ma bouche,
Ne se verra iamais hors de mon souuenir,
Et iamais.

LE COMTE.

Ie voy bien où vous voulez venir,
Madame : ie voy bien où tend vostre harangue,
Sans tant vous fatiguer & l'esprit & la langue
Sachez en peu de mots ce que i'ay sur le cœur,
Il n'est rien de plus vray, que vostre œil mon vain-
    queur,
Est & sera tousiours ma Deïté visible :
Mais, Madame, il est vray, qu'il m'est autant possible
De ne vous aimer plus, moy qui vous aime tant ?
Que d'estre vostre espoux, & demeurer constant.
I'adore vne Maistresse & i'abhorre vne Femme,
Ie n'ay plus rien à dire apres cela, Madame,

LEONORE.

Tu n'as plus rien à dire ! à moy ! cruel, à moy !
Tu n'as plus rien à dire à qui fait tout pour toy ?
Perfide ! Il n'est plus temps de deguiser ton crime,
A mon amour au moins tu deuois de l'estime,

Et loin de m'eſtimer eſprit méconnoiſſant,
Tu payes mon amour d'vn meſpris offençant.
I'adore vne Maiſtreſſe , & i'abhorre vne femme !
Sont-ce là les diſcours d'vn honneſte homme? infame!
Et i'abhorre vne femme ! à moy, de tels diſcours ?
Moy, Reine de ton cœur, l'arbitre de tes iours :
Moy, ta felicité , ta Deeſſe adorable,
Sans qui tout autre objeſt t'eſtoit inſupportable.
Ce ſont là les diſcours ſi ſouuent repetez,
Et crus trop ayſément comme trop eſcoutez.
Tu ne les faiſois donc d'vne voix languiſſante
Que pour te ioüer mieux d'vne fille innocente.
Tu me trahiſſois donc ? & de cette action,
Ta vanité ſe rit à ma confuſion.
Mais tu n'es pas encor, ſcelerat , où tu penſes,
Vn cœur noble offencé ſçait venger ſes offençes.
Ie vengeray la mienne , & ſi ie ne le puis,
Ie ne veux plus ſuruiure à l'eſtat où ie ſuis.
La reputation n'eſt plus conſiderée,
Quand on eſt trop épriſe , ou trop deſeſperée.
Tu me verras par tout ſans ceſſe ſur tes pas,
Tant que ſous ma douleur ie ne periray pas :
Et quand de ma douleur ie ſeray la victime,
Mon ombre iour & nuiſt le bourreau de ton crime,
Te pourſuiuant par tout , meſchant, tu ſeruiras,
D'eſpouuentable exemple aux Traiſtres, aux Ingrats.
Mais à quoy differer mon treſpas dauantage,
Il faut que ton fer meſme acheue ton ouurage.

LE COMTE.

Ha ! Madame.

LEONORE.

Ha ! cruel.

LE COMTE.

Et que me voulez-vous ?

LEONORE.

Ie veux perdre la vie,

A iij

BEATRIS.

Ha ! mon Dieu, filez doux.
Le vieillard réueillé touffe depuis vne heure,
Et crache fon poulmon depuis deux, où ie meure.

LEONORE.   On frape à la porte.

Dieux ! l'on frappe à la porte.

BEATRIS.

Et mefme rudement.

DOM FELIX, derriere le Theatre.

Ouurez.

LEONORE.

Cache toy donc de grace, & promptement.
O quel mal-heur !

LE COMTE.

Qui moy ? me cacher ? Dieu m'en garde.

LEONORE.

Ha ! fonge à mon honneur qui pour toy fe hazarde.

LE COMTE.

Ie pourray bien fauter de la feneftre en bas.

LEONORE.

Elle eft grillée.

DOM FELIX, toufiours derriere le Theatre.
Ouurez.

BEATRIS.

La clef ne tourne pas.

La ferrure eft meflée.

DOM FELIX.

A la fin ie me fafche.

Ouurez, dis-je.

LE COMTE.

Madame, où faut-il qu'on se cache?

LEONORE.

Saute sur la fenestre, & la ferme apres toy.

BEATRIS.

Ouuriray-ie?

LEONORE.

Atten ; ouure.

DOM FELIX.

Et l'on se rit de moy.
Chienne de Beatris, si tantost.

BEATRIS.

Patience,
Ie me brisois les doigs.

SCENE II.

DOM FELIX. BEATRIS. LEONORE. LE COMTE.

DOM FELIX *en entrant.*

La belle diligence
A tourner vne clef.

BEATRIS.

On ne s'en peut ayder,
Il faut vn serrurier pour la racommoder.

DOM FELIX.

Tousiours des serruriers, & de l'argent despendre.

Les bourreaux de valets ne valent pas le pendre.
Quoy , ma fille veſtuë au lieu d'eſtre en ſon lit !

LEONORE.

I'auois pris mes habits , parce qu'elle m'a dit
Que vous eſtiez malade.

DOM FELIX.

            Il eſt vray que mon rhume
Ma tourmenté la nuiçt & plus que de couſtume :
Mais mon rhume n'eſt pas ce qui m'amene icy:
Quand on a des enfans on n'eſt pas ſans ſoucy.

LEONORE.

Helas ! il ſçait ma faute.

DOM FELIX.

            Et par trop d'indulgence
On ſe rend mal-heureux.

LEONORE.

            Mon pere cette offence
Se pourra reparer.

DOM FELIX.

            Oüy, i'en auray raiſon :
Car enfin , c'eſt ioüer à perdre ma maiſon.

LEONORE.

Il m'a cent fois promis.

DOM FELIX.

            Et folle, à la promeſſe
D'vne inconſiderée & peu ſage jeuneſſe
Veux-tu bien te fier ?

LEONORE.

            Mon pere , à vos genoux
Ie vous promets pour luy qu'il fera.

DOM FELIX.

            Mon couroux

L'emporte fur mon fang, Quand on eſt trop bon pere
On gaſte ſes enfans : Voſtre fripon de frere
A perdu ſon argent.

LEONORE.

Ie repren mes eſprits.

DOM FELIX.

Ie croy qu'à Salamanque il emporte le prix
Des fripons ſignalez. Venez oüir ſa lettre,
Ie ne m'y fieray plus , il aura beau promettre.

LETTRE,

La paix du Seigneur vous ſoit donnée, &c.

Le beau commencement de lettre que voicy:
Croit-il me tromper mieux en m'écriuant ainſi,

La paix du Seigneur vous ſoit donnée:
Vous apprendrez par la preſente, que i'ay ioüé
& perdu à la Prime l'argent de m'a penſion:
mais au moins i'ay la ſatisfaction d'auoir per-
du mon argent à cinquante cinq, & qu'il n'a
pas moins fallu qu'vn Flux pour me faire per-
dre. Ie vous prie de ne vous en allarmer point,
car i'ay fait ſerment de ne renuier iamais ſans
les auoir en la main. Vous ſçauez mieux
que moy, que qui n'a pas de quoy manger
court riſque de mourir de faim, & que
vous eſtes tenu de m'en fournir , ne vous
ayant point prié de me mettre au monde.
Au reſte, ie ſuis d'vne humeur ſi pacifique
que ie ne puis dormir quand i'ay vne que-
relle ſi ie ne la vuide auſſi toſt. L'autre

pour vn escolier Arragonnois m'importuna
tant pour se battre auec moy, qu'il luy en
cousta vn œil. Vous voyez par là que ie ne
suis pas si perdu que vous pensez. Ie vous
enuoye Crispin, que vous me renuoyerez s'il
vous plaist auec de l'argent. Ie me recom-
mande à vos bonnes graces, cher Pere de
mon ame, lumiere de mes yeux. Ie prie Dieu
qu'il vous conserue, & ma petite sœur aussi,
de qui quoy qu'indigne ie me souuien tous-
jours dans mes oraisons. Vostre humble Fils
Dom PEDRE DE LESPEDE,
De Salamanque ce dernier Octobre.

LEONORE.

La Lettre est fort deuote.

DOM FELIX.

                 Et voyez, ie vous prie,
Et son hipocrisie & sa veillaquerie.
Vn More Grenadin est plus que luy deuot,
Encore que d'origine il soit Cheuallier Got.
Ie meure s'il songea iamais à ses prieres,
Ie luy veux retrancher ses vertus escolieres,
Et vous veux faire voir son Deputé badin,
Vn tres-rare animal, moitié cuistre & gredin,
Hola. Crispin.

SCENE III.

CRISPIN. DOM FELIX. LEONORE.
BEATRIS.

CRISPIN.

Adſum.

DOM FELIX.
Parle Chreſtien, ſot homme.

CRISPIN.
Non poſſum.

DOM FELIX.
Si ie pren vn baſton, ie t'aſſomme,
Pour trois mots de Latin que le maroufle ſçait,
Il en eſt importun. Hé bien donc, comment fait
Mon bon vaurien de fils

CRISPIN.
Male facit.

DOM FELIX.
Encore ?
Ha ! ie t'eſtrangleray, Pedanteſque pecore.

CRISPIN.
Tout beau, Monſieur, tout beau, ie n'en cracheray
plus.

DOM FELIX.
Ton Maiſtre donc ?

CRISPIN.
Il loge auecque ſept goulus
Desbauchez comme luy, dans vne chambre ſeule,
Où touſiours quelqu'vn iure, où dit des mots de
gueulle.
L'hyuer, le vent y donne autant que dans les champs,

Ils couchent quatre à quatre en deux lits fort mef-
     chans.
Les murs y font parez de Rondeilles, d'efpées,
De portraicts de charbon, de toilles d'araignées.
Ces huict bons efcoliers, ou pluftoft huict bandits,
Chomment les Samedis comme les Vendredis.
Haïffent les leçons comme les Patenoftres,
Et ne font chaque iour que debaucher les autres.
La nuict venuë, ils vont enleuer des manteaux,
Plier quelque toillette, & iouër des coufteaux,
Ils fe couchent fort tard, & fe leuent de mefme.
Vne feruante maigre, acariaftre, blefme,
Seiche, ferrant la mule, & qui compte trente ans
Depuis qu'elle renonce à l'vfage des dens,
Leur apprefte à manger. Chacun y mange en Diable
Ou fi l'on veut en chien. Vn coffre y fert de table,
Du vin à quantité, peu de mets délicats,
Des Liures pleins de graiffes y tiennent lieu de plats.
Quand l'vn mange trop fort, les fept autres enleuent
Ce qu'il a deuant luy, fe pillent, & s'en creuent,
S'entend, alors qn'ils ont prou de quoy fe creuer ;
Car fouuent ce n'eft pas coup feur que d'en trouuer,
En peu de mots, voila de voftre fils la vie.

LEONORE.

De fa Relation, pour moy ie fuis rauie.

DOM FELIX.

Pour vn fot de College, il parle plaifamment,
Mais n'a-t-il rien de bon, ce mauuais garniment ?

CRISPIN.

De bon ! Il a tout bon, quoy que i'aye pu dire,
Il eft de bonne humeur, il a le mot pour rire,
Quand il eft queftion d'vn difcours ferieux,
Vn Caton le Cenfeur ne le feroit pas mieux.
Il eft officieux, ne refufe perfonne,
Il prefte fans regret, fans faire attendre donne,
Il eft fort ponctuel alors qu'il a promis,

Ciuil

Giuil quoy que vaillant, & fait beaucoup d'amis,
Au reste liberal autant qu'vn Alexandre.
Enfin, c'est grand malheur qu'il n'a dequoy dependre
Ayant bon appetit & de meilleures dens.

DOM FELIX.

Voila comme i'estois durant mes ieunes ans.
Il faut que de mon fils la ieunesse se passe,
Tien voila de l'argent : mais dy luy bien qu'il fasse
Beaucoup mieux qu'il n'a fait, & qu'il soit menager.
Quoy ! des bottes, faquin, comme vn cheuau-leger,
Comment est-tu venu ?

CRISPIN.

Par la poste, en charette.

DOM FELIX.

L'inuention m'en plaist : va, ta dépesche est faite,

CRISPIN.

Vous n'escriuez donc point ?

DOM FELIX.

Non, de l'argent suffit.

CRISPIN.   *Il s'en va.*

C'est agir à mon sens comme vn homme d'esprit,
Que Dieu garde de mal tout pere de la sorte.
Là dessus ie prendray le chemin de la porte.

DOM FELIX.

Ie ne sçaurois dormir alors qu'on m'a fasché ;
Et ma toux me reprent quand ie veille couché.
Vous autres couchez vous, il est tantost vne heure :
Mais appellez Crispin : I'oubliois où ie meure
De luy dire vne chose importante à mon fils,
Il faut le rappeller ; va viste, Beatris.

B

BEATRIS.

Vrayment il est bien loin d'icy, le vilain homme,
Il a tiré de longue ayant touché la somme,
J'aurois beau s'appeller, il ne m'entendroit pas.

DOM FELIX.

La double paresseuse; à peine est-il en bas,
Il peut estre en la ruë, appelle à la fenestre.

BEATRIS.

De la façon qu'il court, Monsieur, il n'y peut estre.

DOM FELIX.

Peut-estre est-il encor aupres de la maison.

LEONORE.

Et que luy voulez-vous?

DOM FELIX.

　　　　Oüy, ie rendray raison
De ce que ie commande?

LEONORE.

　　　　Ha! Beatris, ie tremble,
Nostre Comte est trouué: Bon Dieux?

BEATRIS.

　　　　　　Il me le semble.

DOM FELIX.

Venez voir comme il faut appeller vn valet.
On a collé, sans doute, ou cloüé ce vollet,
De la façon qu'il tient.

LEONORE.

　　　　Ma frayeur est extréme.

DOM FELIX.

Comment, Diable ? Ie croy qu'il s'ouure de luy-
mesme.
Dieux ! qu'est-ce que ie voy ?

SCENE IV.

LE COMTE. DOM FELIX.
LEONORE. BEATRIS.

LE COMTE.

C'est vn homme enfermé,
Qui n'est pas sans courage, & n'est pas mal-armé.

DOM FELIX.

O toy, qui que tu sois, de qui ie pren ombrage,
Tant pour l'heure, le lieu, que pour ton equipage,
Et de qui la surprise est la conuiction,
Qui t'a mis en ces lieux ?

LE COMTE.

A telle question,
Ie ne te respondrois qu'auec vn coup d'espée,
Si tu pouuois venger ta vieillesse frappée :
Mais ta main est sans arme, & pour des cheueux gris
Ie n'ay point de colere, & n'ay que du mespris.

DOM FELIX.

Permets moy de sortir, promets-moy de m'attendre,
Et tu seras bien-tost reduit à te deffendre.

LE COMTE.

Ie t'atten, va t'armer, & puis reuien mourrir.

B. ij.

LEONORE.

Ha, mon pere !

DOM FELIX.

Ha, ma fille !

LEONORE.

Où voulez-vous courrir ?

DOM FÉLIX.

Ayde à mon ennemy, sers à ton propre outrage,
Ie voy mon deshonneur écrit sur ton visage.

LEONORE.

Mon pere, où vous conduit vne aueugle fureur ?
Vous ne la pouuez suiure, & sauuer mon honneur.
Puis qu'on veut m'espouser , puis qu'on m'ayme &
que i'ayme :
Perdrez-vous mon espoux ? vous perdrez-vous vous
mesme ?

LE COMTE.

Ostez ce nom d'espoux de vostre souuenir.
J'ay promis, il est vray ; mais sans vouloir tenir

DOM FELIX.

Puis que tu l'as promis, il faut que tu le tiennes,
Et l'inégalité de mes forces aux tiennes,
Ne diminuera rien de mon ressentiment.
Satisfait Leonore , & sans retardement,
Où rauis à la fois mon honneur & ma vie :
Ta rage ainsi sera pleinement assouuie.
Tu pretens moy viuant refuser, inhumain.

LE COMTE.

A toy, de te combatre , à ta fille , ma main.
On joint mal-aisement sous les loix coniugales.
Ceux dont les qualitez se trouuent inégales.
Tes injures, tes cris, ne peuuent m'irriter,

Ie veux vn ennemy qui puiſſe reſiſter.
Ie ne veux point de femme, & quand i'en voudrois
        vne,
I'en choiſirois vne autre, & d'vne autre fortune.
Pour me la faire prendre, il falloit me prier,
Non pas me quereller, non pas m'injurier.
Ie ne ſay rien par force, & ſay tout par priere ;
Aux humbles, ie ſuis doux ; aux fiers, i'ay l'ame fiere,
Et puis vos déplaiſirs me ſeront imputez :
Prenez, prenez vous en à vos temeritez.
I'ay dit ſur le ſujet tout ce que ie veux dire ;
Penſez y meurement, & que ie me retire.

DOM FELIX.
Tu ne t'en iras pas ſans me faire raiſon.

LE COMTE.
La brauoure ſied mal à tout homme griſon.

DOM FELIX.
D'autres bras que les miens vengeront mon offenſe,

LE COMTE.
Ie m'e n vay de ce pas ſonger à ma deffence.

LEONORE.
Ha ! perfide, ſans foy.
LE COMTE.
                    Ne vous faſchez pas tant,
Pour remede à vos maux, i'ay de l'argent comptant.
Adieu bel Ange en pleurs. Et vous vieillard colere,
Ne vous preſſez pas tant de deuenir beaupere.
          Il s'en va.
DOM FELIX.
Ha, ſi ton bras m'eſpargne, inſolent rauiſſeur
Ie prefere ſes coups à ta fauſſe douceur.
M'ayant oſté l'honneur en ma fille rauie,
Pour allonger mes maux me laiſſes-tu la vie ?
Vien, vien, finir mes iours, ils n'ont que trop duré,
Si i'auois moins vécu i'aurois moins enduré.

                              B iij.

Mais differons encor cét extréme remede,
Rappellons cependant Dom Pedre dans Tolede.
Ce fils que Dieu me laisse, est ieune, & courageux,
Il sçaura bien venger vn mespris outrageux.
Et si dans ce dessein sa vaillance succombe,
Nous chercherons alors le repos dans la Tombe.
Et toy fascheux objet de mes yeux desolez,
Va t'en verser plus loin tes pleurs dissimulez,
Euite ma fureur, crain ton genereux Frere,
Et plus que tout cela, crain le Ciel en colere;
Il n'est point fauorable aux Amans aueuglez,
Et fait payer bien cher les plaisirs déreiglez.
Beatris, donne-moy l'espée & la lanterne
Qui sont pres de mon lit.

BEATRIS.

       Ie veux que l'on me berne
S'il ne fera le fou.

DOM FELIX.

       Vas y donc promptement.
D'icy pres chaque iour partent iournellement
La plufpart des Coches qui vont à Salamanque :
Si j'atten à demain, i'ay peur que ie ne manque
D'vn commode moyen, de faire reuenir
Dom Pedre : Ie vai donc sa place retenir,
Son coquin de vallet s'est amusé peut estre,
Et n'aura pas encor retourné vers son Maistre.

Fin du premier Acte.

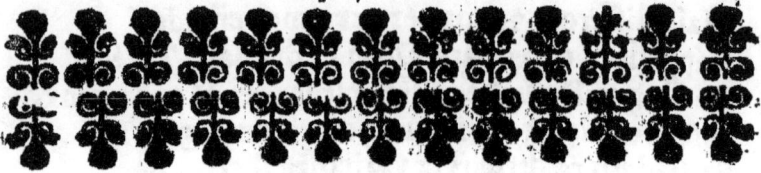

ACTE II.
SCENE I.

DOM LOVIS. ZAMORIN braue,
4. Braues.

DOM LOVIS.

VOvs sçauez mon dessein.

ZAMORIN.

Reposez vous sur nous :
En matiere d'honneur nous nous connoissons tous.
L'Escolier est-il braue ?

DOM LOVIS.

Autant qu'on le peut estre.

ZAMORIN.

Tant mieux.

DOM LOVIS.

On dit qu'il fait des armes comme vn Maistre.

ZAMORIN.

Tant mieux.

DOM LOVIS.

Faisons main basse.

ZAMORIN.

Il est expedié,
Ie le garantis tel, s'il n'appelle à son pié.
Or ça, mes compagnons, choisissons vn bon poste,
Et va d'estrammaçon, de pointe, & de risposte.

DOM LOVIS.

Chaque nuict sans manquer il passe par icy,

B   iiij

Ie voy de la lumiere, & croy que le voicy..
Attendons-le au paſſage.

SCENE II.

DOM PEDRE. CRISPIN.

DOM PEDRE.
Et tu dis que mon Pere.

T'a donné ſeulement ?
CRISPIN.
Deux cens francs.
DOM PEDRE.
La miſere !

Et ma tres-chere ſœur ?
CRISPIN.
Non pas meſme vn ſalut..
DOM PEDRE.
La peque ! Que dit-il lors que ma lettre il lut ?
CRISPIN.
Ie ne luy vy pas lire.
DOM PEDRE.
Il ne faut pas qu'il ſçache

Que ie ſuis à Tolede.
CRISPIN.
Il faut donc qu'on ſe cache,

Où n'aller que la nuict.
DOM PEDRE.
Et ne le fay-je pas ?
CRISPIN.
Vous faites iuſtement l'amour comme les chats.
Il ne vous manque plus que courrir les goutieres.
Vous ſeriez chat complet.
DOM PEDRE.
Mille coups d'eſtriuieres.

Aux railleurs comme toy.

CRISPIN.

Mille boſſes & trous,
A tous coureurs de nuict, Chat-huans comme vous.
Si vous vouliez au moins parfois tirer la laine,
On s'y pourroit ſauuer.

DOM PEDRE.

Tay toy, teſte mal-ſaine.

CRISPIN.

Mal-ſaine où non, l'eſprit en eſt pourtant bien ſain.
Ie ne voy pas bien clair en voſtre noir deſſein.
Où me conduiſez-vous?

DOM PEDRE.

Où mon amour me meine.

CRISPIN.

Nous ſommes mal conduits.

DOM PEDRE.

I'adore vne Chimene,
Sœur d'vn Comte eſtranger, éloigné de la Cour
Pour vn ſoufflet donné.

CRISPIN.

I'ay peur que voſtre amour
N'attire deſſur nous quelques coups d'eſpouſſette.
Ce Comte ſouffrira que ſa ſœur la coqueſte
Vous eſpouſe; il ſera le Diable. Encore bon
Si vous eſtiez vn Comte, ou du moins vn Baron :
Mais on n'en trouue plus, à ce que j'enten dire,
Cela ſent le vieux temps : Pour des Comtes pour rire,
Ou bien faits à plaiſir, de Marquis, Ducs & Pairs,
L'année en eſt fertile, & les chemins couuers.
De Mareſchaux de Camp l'année eſt auſſi bonne.

DOM PEDRE.

Moralité, faquin, ſans offençer perſonne.

CRISPIN.

La race des Criſpins eut du Ciel ce talent,
Comme vous poſſedez celuy d'eſtre Galent.
Tantoſt parlant de vous, noſtre auare bon-homme,
Diſoit ce que l'on dit de qui reuient de Rome,

Vous ſçauez le Prouerbe, & lors que l'on va là,
Que cheual on reuient, ſi cheual on alla.

DOM PEDRE.

Criſpin, encore vn coup tréve de raillerie.

CRISPIN.

Puis que ie ne dors point, trouuez bon que ie rie.

DOM PEDRE.

Comment ſe porte donc mon Pere ?

CRISPIN.

Ha le penart !

Il dit que.

DOM PEDRE.

Tu luy pers le reſpect, franc pendart,
Si ie pren vn baſton.

CRISPIN.

Monſieur, ie voy des hommes.

DOM PEDRE.

Et nous mangeront-ils ?

CRISPIN.

Ils ſont ſix ; Nous ne ſommes.

Que deux.

DOM PEDRE.

Et pour combien me comptes-tu, faquin ?

CRISPIN.

Pour dix : Mais auec vous ayant le cher Criſpin,
Qui n'eſt pas autrement homme propre à combattre,
Il faut que de vos dix vous en rabattiez quatre :
Qui de dix oſte quatre, il en reſtera ſix,
Vous voila tant à tant, faites bien l'Amadis.

DOM PEDRE.

Marche auant.

CRISPIN.

Ils ſont tous de taille Gigantine,
Vilains hommes à voir, & de mauuaiſe mine.
Helas, ſi i'auois fait vn mot de teſtament.

SCENE III.

DOM LOVIS. DOM PEDRE. ZA-
MORIN braue. 4. Braues. CRISPIN.
LE COMTE.

DOM LOVIS.

CAualier, cedez-moy la ruë, & promptement,
Ie le veux.

DOM PEDRE.

Et combien estes-vous, nostre Maistre;
Pour commander ainsi ?

DOM LOVIS.

Nous sommes six.

DOM PEDRE.

Pour estre
En nombre si petit, vous parlez vn peu haut,
Cherchez en autres six, ie croy qu'il vous les faut :
Et quand vous les aurez, il n'est rien que ne fasse
Vostre humble seruiteur,, iusqu'à quitter la place ;
Cependant, ie la garde.

DOM LOVIS.

Ha ! c'est trop discourir,
Tu mourras, Fanfaron.

DOM PEDRE. *Ils se battent.*

Ie ne sçay pas mourrir.

CRISPIN. *En vn coin du Theatre.*

Or ça, Maistre Crispin, menageons la brauoure,
Nulle temerité. Peste, comme il les bourre :
Que mon Maistre est vaillant !

DOM LOVIS.

Donne à luy, zamorin.

ZAMORIN.

Il faut perdre la vie ou perdre le terrein.

DOM PEDRE.

Ny l'vn ny l'autre. A toy ieune cadet.

DOM LOVIS.

J'enrage !

Le traiſtre m'a bleſſé. Ie n'en puis plus.

ZAMORIN.

Courage.

DOM PEDRE.

Vous en auez beſoin. Ce ieune homme bleſſé
Se baſtoit en Ceſar, & j'en eſtois preſſé.   *Il tombe.*
Dieux ! le pied m'a manqué : mais le bras me de-
        meure.

ZAMORIN.

Il eſt pris pour le coup, point de quartier, qu'il meure.

DOM PEDRE.

Vous reculiez tantoſt, poltrons.

ZAMORIN.

Pour mieux ſauter.

DOM PEDRE.

Ha, traiſtres !

LE COMTE.   *Arriue.*

Cinq contre vn ! qui pourroit reſiſter ?
Leuez-vous, Cauallier.

DOM PEDRE.

Puis que voſtre bras m'ayde,
Ie ferois teſte à tous les Braues de Tolede.
Allons apres, Criſpin.

CRISPIN.

Allons, quoy que bien las :
Car ie n'auois iamais tant remué les bras.

SCENE

SCENE IV..

CASSANDRE. LISETTE. CRISPIN.

CASSANDRE.

SI tu m'aimes, Lisette, auance dans la ruë,
Et voy ce qui s'y fait,

LISETTE.

Ie croy que l'on s'y tuë.

CASSANDRE.

Sans doute Dom Louys auec son poinct d'honneur,
Aura trouué Dom Pedre, & causé la rumeur.

LISETTE.

Il tranche auecque vous de l'Espoux & du Pere,
Et vous auez, Madame, vn fascheux petit frere;
Mais apres tout, Madame, il faudroit oublier
Dom Pedre ; car enfin, ce n'est qu'vn escolier.

CASSANDRE.

Ce n'est qu'vn escolier, il est bien vray Lisette :
Mais il a de l'esprit, sa personne est bien faite,
Et pourueu que son feu ne cede point au mien
Ie luy rendray commun & mon rang & mon bien?
Mais quelqu'vn vient à nous.

CRISPIN.

Madame, vne cohorte
De Sergens affamez me suit d'estrange sorte,
Il y va de la mort si j'estois attrapé ;
Car vn homme est dit-on mortellement frappé.
Mon Maistre en estourdy s'est meslé dans l'affaire,
Et i'ay fait comme luy seulement pour luy plaire.
Ie vous laisse à iuger si i'ay bien ou mal fait,
Si vous sçauiez vn trou , ce seroit bien mon fait.
Il n'est trou, quel qu'il soit , & fut-il mesme immonde

I   C

Où ie ne vueille entrer le plus content du monde,
Pourueu qu'inaccessible à tous vilains Sergens,
On n'y viole point le sacré droiЀ des gens.
Là dessus ie me tais, chere Dame, & pour cause ;
Car de n'estre pas veu, s'il importe à la chose,
Il n'importe pas moins de n'estre pas oüy.
Et bien voulez vous donc me receuoir ?

CASSANDRE.

Oüy,
Lisette, va le mettre au dessus de ma chambre
Où tu sçais.

CRISPIN.

La frayeur m'attaque en chaque membre :
Que puissiez-vous iamais n'auoir besoin de trous,
Et que iamais Sergents ne courent apres vous.

CASSANDRE.

Mon frere, qu'auez-vous? quelqne chose vous presse.

SCENE V.

LE COMTE. DOM PEDRE.
CASSANDRE.

LE COMTE.

R Etirez vous, ma sœur, & que seul on me laisse,
Caualier, approchez, on ne vous fera rien
Tant que j'auray de vie.

DOM PEDRE.

Ha, ie le sçay fort bien,
Et que par vostre bras la mienne deffenduë,
Quand pour vous mille fois elle seroit perduë,
Ie ne me verrois pas encor bien acquitté,
De tout ce que de moy vous auez merité.

LE COMTE.

Ne me louez pas tant de ce que i'ay deû faire,
Songeons à vous sauuer, comme au plus necessaire.
Entrez dedans ma chambre, & vous fiez en moy,
Que ie vous garderay ma parole & ma foy.

DOM PEDRE.

Vous me promettez donc?

LE COMTE.

De vous seruir d'azile.

SCENE VI.

LE BREVOST. LE COMTE. DES ARCHERS. DOM PEDRE.

LE PREVOST.

Onsieur, vous trouuerez ma visite inciuile;
Mais le triste accident qui m'ameine si tard
Veut que sans differer l'on vous en fasse part.
On vient d'assassiner Dom Louys vostre frere
Deuant vostre logis.

LE COMTE.

Et l'assassin?

LE PREVOST.

J'espere
Que nous l'aurons bien tost; car i'ay sçeu d'vn voisin
Que l'on a veu ceans entrer cét assassin.

LE COMTE.

L'advis est temeraire, & mesme peu croyable.
Apres la mort d'vn homme, il n'est pas vray-séblable
Que celuy qui le tuë, aille se perdre au port,
Et chercher vn azile en la maison du mort.
Au fort de la Rumeur, j'ay fait fermer ma Porte,
Et ie n'ay pas permis qu'aucun de mes gens sorte.

Ie ne ſuis pas ſorti moy-meſme , & l'on n'a peu
Cacher quelqu'vn chez moy , que ie ne l'aye ſçeu.

LE PREVOST.

Vous auez l'intereſt tout entier dans l'affaire ,
Le noſtre eſt ſeulement le deſſein de vous plaire.

LE COMTE.

Faites ce qu'il faut faire en vn pareil mal-heur ,
Et pardonnez , Meſſieurs , à ma iuſte douleur ,
Si ie ne me tiens pas auec vous dauantage.

LE PREVOST.   *Il s'en va.*

Nous ferons noſtre charge.

LE COMTE.

O deſeſpoir ! ô rage !
Quel party dois-je prendre en l'eſtat où ie ſuis ?
Ie ne me puis venger , lors que plus ie le puis.
Ie dois à ma parole , & ie dois à mon frere ,
Ie dois venger ſa mort , ſi j'en crois ma colere ,
Ie dois la pardonner , ſi ie garde ma foy.
Helas , qui fut iamais plus empeſché que moy ?
Caualier , ſçauez-vous qui ie ſuis ?

DOM PEDRE

Ouy , ma vie
Sans voſtre prompt ſecours m'auroit eſté rauie.

LE COMTE.

Ne vous eſtois-je point connu ?

DOM PEDRE.

Non

LE COMTE.

Sçauiez-vous
Le nom du mal-heureux accablé ſous vos coups ?

DOM PEDRE.

Autant que ie l'ay pû par vne nuit obſcure
I'ay connu par ſa voix plus que par ſa figure ,
Qu'il eſtoit eſtranger , le frere ou le parent
D'vn Comte , & quel qu'il ſoit il m'eſt indifferent.

LE COMTE.

Vous ne vous trompez pas le mort eſtoit mon frere
Et moy le Comte.

DOM PEDRE,

O Dieux ! & que penſez-vous faire ?

LE COMTE.

Vous tuer :

DOM PEDRE.

Me tuer ! ce n'eſt pas vn coup ſeur,
Et peut-eſtre auriez-vous la moitié de la peur.
Puiſque nous ſommes ſeuls faiſons l'experience,
De celuy qui de nous ſe trompe en ſa croyance,
Battons-nous.

LE COMTE.

Ie ſçauray choiſir vn autre temps
Pour me venger de vous comme ie le pretens.

DOM PEDRE.

Vous auez ce me ſemble, & le temps, & la place,

LE COMTE.

Ouy ; mais il faut deuant que ie vous ſatisfaſſe,
Et vous ayant promis de vous ſauuer chez moy,
Contre moy-meſme il faut que ie garde ma foy,
Ie ſçauray bien ailleurs venger la mort d'vn frere,
Et vous ſacrifier à ma iuſte colere.

DOM PEDRE.

Vous auez deux deſſeins qui ne ſont pas d'accort,
Vous me ſauuez la vie, & conſpirez ma mort ;

LE COMTE.

Comme vn homme d'honneur, ie vous ſauue la vie ;
Mais puiſque vous l'auez à mon frere rauie,
Ie vous feray perir comme vn homme offencé.

DOM PEDRE.

Ie ſuis au deſeſpoir de ce qui s'eſt paſſé :
Mais puis que le paſſé n'eſt plus en ma puiſſance,
Que voſtre bien-fait meſme augmente mon offence ?
Que cruel ou forcé mon bras vient d'abreger
Des iours qui vous ſont chers que vous deuez venger.
Contre mon naturel de ne fuir perſonne,
Et ſuiuant mon humeur de rendre à qui me donne,
Ie vous veux éuiter par tout où vous ſerez,
Auec le meſme ſoin que vous me chercherez.

C iij

Vous ſçauez par vos yeux iuſqu'oû va ma vaillance,
Et iugerez par-là de ma reconnoiſſance.
Ie veux eſtre poltron, pour n'eſtre pas ingrat,
Et pour rendre vn bien-fait, refuſer vn combat :

LE COMTE.

Ie vous y forceray,

DOM PEDRE.

Ie fuiray vos approches.

LE COMTE.

Auez-vous peur de moy ?

DOM PEDRE.

I'ay peur de vos reproches.

LE COMTE.

On n'en ſçauroit trop faire à qui manque de cœur ;

DOM PEDRE.

Quand pour vous ie renonce à ma propre valeur,
Et lors que contre moy vous irritez la voſtre,
Nous ſuiuons du deuoir les loix & l'vn & l'autre.

LE COMTE.

Si bien que...

DOM PEDRE.

Si les Cieux, ne me ſont ennemis
Nous ne nous battrons point, & deuiendrons amis.

LE COMTE.

C'eſt trop s'entreparler n'eſtant pas bien enſemble :
Le iardin eſt ouuert, ſortez ſi bon vous ſemble :
Mais qui frape a ma porte à la pointe du iour,
Ha c'eſt toy, Beatris :

SCENE VII.

LE COMTE. BEATRIS.

BEATRIS.

      De la part de l'amour,
Qui comme vous sçauez sur la raison l'emporte,
Ie viens au poinct du iour heurter à vostre porte.
Nous changeons de logis, Madame vous veut voir,
Et ce billet, Monsieur, vous fera tout sçauoir,
Faites ce qu'il contient, & donnez-moy licence,
D'aller mettre ordre au mal que feroit mon absence,
Si mon voyage icy du vieillard soupçonné,
Irritoit son esprit de Demon incarné.

LE COMTE.

Beatrix ie feray ce que veut ta maistresse.

BEATRIS.

Et moy ie gagne au pied.

LE COMTE.

     Si-tost?

BEATRIS.   Elle s'en va.

       L'heure me presse.

LE COMTE.

Vous n'estes pas encore au lit, ma chere sœur?

SCENE. VIII.

LE COMTE. CASSANDRE.

CASSANDRE.

LE moyen de dormir apres vn tel mal-heur
LE COMTE.
Non plus que vous ma sœur ie n'en ay point d'enuie.
Ie dois venger vn frere au peril de ma vie.
Vn amy depuis peu, m'a de la Cour escrit,
Que celuy que j'auois offencé dans Madrid
Afin de se venger est party pour Tolede.
Vne Dame que j'ayme, & de qui ie possede.
Les inclinations, & dont pour vn mespris,
Le cœur peut contre moy de colere estre espris.
M'escrit, qu'accompagné de quelque amy fidelle,
I'aille, sans y manquer, passer la nuit chez elle.
Ma passion m'y porte, & d'vn autre costé,
I'ay depuis quelques iours son esprit irrité.
CASSANDRE.
Est-ce par vn oubly ?
LE COMTE.
              Non, c'est par vne offence.
CASSANDRE.
Prenez vos seuretez, & craignez sa vangeance.
Si la femme oubliée est capable de tout,
Alors que l'on l'offence, & qu'on la pousse à bout,
Elle fait succeder la fureur aux tendresses,
On en doit craindre tout, & mesme ses caresses.
L'homme le plus meschant ne la peut esgaler,
Tant à faire le mal, qu'à le dissimuler :
Enfin, c'est vne femme, & de plus, offencée,

Ie ne vous sçaurois mieux expliquer ma pensée.
LE COMTE.
Ie ne vous sçaurois mieux expliquer mon erreur,
Qu'en vous disant que j'ayme, & mesme auec fureur,
Sur vos conseils, ma sœur, ma passion l'emporte :
Mais encore vne fois on refrape à la porte.
Hola, qu'on ouure. O Dieux! ie voy mon ennemy,
Ie vous croyois bien loin.

SCENE IX.

DOM PEDRE. LE COMTE.

DOM PEDRE.

Et moy vous endormy :
LE COMTE.
De vous reuoir encore mon ame est estonnée,
Et vous tenez fort mal la parole donnée,
De me venir brauer, au lieu de me fuir.
DOM PEDRE.
Ne me condamnez pas deuant que de m'oüir.
Alors que ie promets il n'est rien de plus ferme,
Soyons seuls
LE COMTE.
Ostez-vous Cassandre,
DOM PEDRE.
Et que ie ferme
La porte dessus nous.
LE COMTE.
Fermez si vous voulez.
Que voulez-vous encor?
DOM PEDRE.
Que ie parle,

LE COMTE.

Parlez :

Mais parlez viſte,

DOM PEDRE.

Il faut, que deuant toute choſe
Vous liſiez en ces mots, de mon retour la cauſe.

LETTRE. *Le Comte lit.*

Dom Pedre on m'offence en l'honneur,
L'ennemy puiſſant qui m'outrage,
Se fie en ſa puiſſance, & meſpriſe mon aage,
Vien luy monſtrer que mon fils a du cœur.

DOM PEDRE.

Vous voyez bien pourquoy ie manque à ma promeſſe,
Mais puis qu'à la tenir mon honneur s'intereſſe,
Vn homme à qui ie dois & la vie & l'honneur,
Ne me traitera pas de toute ſa rigueur.
Vn pere qu'on outrage, à qui la force manque ;
Et qui croit que ie ſuis encore à Salamanque,
Luy qui peut tout ſur moy, me conjure inſtamment
De le venir trouuer, & ſans retardement.
Logeant au meſme lieu que la Poſte demeure,
Mon Hoſte m'a rendu ſa lettre toute à l'heure :
Ie vous conjure donc, ennemy genereux,
Puiſque auſſi bien me vaincre eſt vn exploit honteux,
Que ie n'ay point d'hōneur puis qu'ō l'oſte à mō pere,
Qu'vn homme ſans honneur ne peut vous ſatisfaire ;
De me donner le temps, de me mettre en eſtat,
Ou de tenir parole en fuyant le combat,
Ou bien d'y ſuccomber plein d'honneur & de gloire,
Sans que vous rougiſſiez d'vne telle victoire.

LE COMTE.

Ouy, ie ne ſeray pas genereux à demy,
Ie vous veux obliger ennemy comme amy.
Allez, allez venger vn pere qu'on offence :

DOM PEDRE.

Vous verrez des effets de ma reconnoiſſance.

LE COMTE.

Si ie les acceptois, ce ſeroit vous trahir :
Conſtant à vous ſeruir, conſtant à vous hair,
Vous n'aurez pas pluſtoſt vengé l'affront d'vn pere
Que ie pretens ſur vous venger la mort d'vn frere ;
Mais parce qu'eſtant pris vous eſtes en danger,
Et qu'ainſi deſſus vous ie ne me puis venger,
Remettez à mon bras ce qu'on demande au voſtre,
Vous ſçauez que le mien vaut bien celuy d'vn autre.
Où loge voſtre pere ? aprenez-moy ſon nom,
Et ie vais de ce pas reſtablir ſon renom,
Et quand j'auray pour vous ſatisfait voſtre pere,
Ie reuiendray ſur vous aſſouuir ma colere.

DOM PEDRE.

Ces deux deſſeins ſont beaux, & tres dignes de vous
Mais le ſecond dépend aucunement de nous,
Ma valeur vous en rend l'iſſuë aſſez douteuſe.
La propoſition du premier m'eſt honteuſe.
Le nom d'vn offencé ne ſe reuelle point,
L'honneur me le deffend, & le meſme m'enjoint
De ne remettre pas à la valeur d'vn autre,
Ce que peut acheuer vn bras comme le noſtre.

LE COMTE.

Que voulez-vous donc faire ?

DOM PEDRE.

Euiter le danger
D'eſtre pris, ſans laiſſer pourtant de me venger.

LE COMTE.

C'eſt bien fait iuſqu'à tant que j'en puiſſe autãt faire,
Ma maiſon vous fournit d'azile ſalutaire :
Entrez donc dans ma chambre, & ie vais cependant
M'aſſurer d'vn amy fidelle & confident :
Vne aſſignation qu'à la nuit on me donne,
Et que non ſans ſujet de fraude ie ſoupçonne,
M'oblige à me ſeruir de ces precautions.

DOM PEDRE.

Ie veux rompre auec vous toutes conuentions,
Ie reprēa ma parole.

LE COMTE.

Et pourquoy?

DOM PEDRE.

Ie vous fiē,
Mon secret, mon honneur, & ie vous dois la vie,
Vous ne me croyez pas assez homme d honneur,
Assez reconnoissant, assez homme de cœur,
Pour vous pouuoir seruir d'vne fidelle escorte,
Auec moy vous deuiez agir d'vn autre sorte,
Et ie ne comprens pas, pour qui vous m'auez promis,
Et comment au bien-fait vous joignez le mespris?

LE COMTE.

Ie vous croy plein d'honneur, & de peur incapable,
Et c'est par vn motif purement pitoyable,
Que ie vous viens d'offrir de vous tenir caché
Dans ma chambre, où iamais vous ne seriez cherché,
Ainsi ie tiens par-là vostre vie assurée,
Et ma vengeance ainsi n'est qu'vn peu diferée.

DOM PEDRE.

Ou bien vous vous battrez tout à l'heure auec moy,
Ou vous vous y fierez, assuré de ma foy
Que ie vous garderois contre mon pere mesme,

LE COMTE.

Vostre valeur me charme, ouy venez, ie vous ayme
Quoy qu'ennemy mortel, & nous serons amis,
Si par les loix d'honneur il nous estoit permis.

Fin du Second Acte.

ACTE

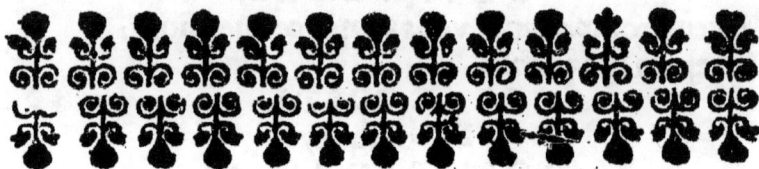

ACTE III.
SCENE I.

BEATRIS. LEONORE.

BEATRIS.

VOstre ame vainement se vantoit d'estre forte;
Vostre colere cede à l'amour qui l'emporte.
Vous rappellez le Comte & ie gagerois bien,
Que la paix entre vous ne tient plus presqu'à rien.

LEONORE.

C'est pour me mieux venger de luy ;

BEATRIS.

     Madame, à d'autres :
Ie sçay comment sont faits les cœurs cöme les vostres.
Comme vous ie suis femme, & ie sçay ce que c'est,
Que le desir de voir vn Amant qui desplaist.
Le Comte est vn ingrat, si vous voulez vn traistre,
Son mespris est sensible autant qu'il le peut estre,
Son oubly toutesfois plustost que son mespris,
Est tout ce qui vous rend le cœur de rage espris,
Et vous aimeriez mieux qu'il vous eust offencée,
Que son oubly vous eust de son ame effacée.

LEONORE.

Helas! que tu vois clair dans le fonds de mon cœur,
Et que de son oubly mon amour a de peur :

BEATRIS.

Madame, croyez-moy, les hommes sont des drosles,
Et le temps est passé des Amadis de Gaules :

D

Quand l'ay tantoſt rendu voſtre obligeant billet,
Qu'en langage d'amour on apelle poulet.
I'ay bien veu que le Comte, auec ſa fauſſe mine
A pour vous plein ſon cœur de l'amour la plus fine,
Et qu'il nous fait ſemblant, cét artificieux,
Que ſon cœur en a moins que n'en prennent ſes yeux.
Madame, tenez bon; quoy qu'il diſe, ou qu'il faſſe,
Quand vous ſerez tantoſt auec luy, faça à faça,
Quoy que voſtre billet l'ait chez vous amené,
Faites bien la meſchante, & qu'il ſoit mal mené.

LEONORE.

S'il s'en va, Beatris?

BEATRIS.

Il faudra qu'il reuienne.

LEONORE.

Bien loin que ma rigueur le charme, & le retienne,
Elle le doit chaſſer,

BEATRIS.

Il faudra courre apres;

Mais ſur luy vos beaux yeux ont fait trop de progrez.
Il reuiendra cent fois puis qu'il en reuſent vne,
Que s'il fait le cruel, faites lors l'importune.
I'iray, ie reuiendray luy parler; Il faudra,
Qu'il reuienne, ou qu'il creue:

LEONORE.

Et qui l'y forcera,

Di-moy grand folle?

BEATRIS.

Moy, ſon amour, vous Madame,

Qu'il aime, quoy qu'il faſſe, & du meilleur de l'ame.

LEONORE.

Il le teſmoigne mal.

BEATRIS.

S'il reuient auiourd'huy,

Il n'eſt pas ſous le Ciel vn plus feru que luy:

LEONORE.

C'eſt ce qu'il eſt le moins,

BEATRIS.

              Il vous aime , sans doute ,
Ou bien , en cas d'amour Beatris ne voit goute.
Mais , Madame , il me semble , & sous-correction,
Que vostre bel esprit manque d'inuention.
Dites-moy donc , Madame , vn peu de jalousie
N'a-t'il iamais vn peu troublé sa fantaisie ?

LEONORE.

Tu crois que ie voudrois luy donner vn riual.

BEATRIS.

Ne l'auez-vous pas fait ?

LEONORE.

         Iamais.

BEATRIS.

              Voila le mal.
Ie l'aimerois luy seul ; mais en ligne indirecte
I'aurois d'autres galands pour me rendre suspecte.
Et quand le beau Nareisse en feroit le cruel ,
Il ne manqueroit pas de matiere à duël.
Ie ferois les doux yeux ; & dessus sa moustache
A quelque fanfaron : c'est-là trouuer la cache ,
C'est le meilleur secret de mettre à la raison ,
Vn amant , qui d'amour se croit le vray tison.
Ma foy, de fermeté la sotte qui se pique ,
Fait vn sauuage amant , d'vn amant domestique.
Il ne faut point saouler vn amant affamé ,
Qui tousiours aime peu , quand il est trop aimé.
C'est de cette façon que Beatris en vze ,
Aussi suis-je en amour vn Aigle.

LEONORE.

         Et moy donc ?

BEATRIS.

              Buze,

LEONORE.

Que tes discours auroient mon esprit diuerty ,
Si par ma passion il n'estoit peruerty.
Il ne viendra iamais :

BEATRIS.

Il viendra fur mon ame :
Qu'ainfi ne foit j'enten du bruit, allez Madame,
Allez vous retirer dans voftre appartement ;
Ie m'en vais au deuant du fugitif amant.

SCENE II.

CRISPIN. BEATRIS.

CRISPIN. *En chantant.*

AYmez autant que vous eftes aimable,
Si vous voulez aimer autant que moy, &c.

BEATRIS.

C'eft le chien de Crifpin.

CRISPIN.

Dieu te gard la Soubrette.

BEATRIS.

Que viens-tu faire icy ?

CRISPIN.

Ie vien faire Diette.
Le fantafque vieillard a rapellé fon fils.
Nous venons d'arriuer tous deux au iour prefix,
Moy de mon pied gaillard, fur fa mule mon Maiftre.
Ie ne puis deuiner, où le Seigneur peut eftre,
Ny comment fur fa mule, & party le premier,
Il ne fera pourtant icy que le dernier.
Que dis-tu, Beatris, de chofe tant eftrange ?

BEATRIS.

Que tu t'ailles coucher :

CRISPIN.

Me coucher ? mon bel ange,
Ie pourrois t'obeyr fi ie me fentois las ;
Mais ie ne le fuis point n'eftant venu qu'au pas.

BEATRIS.

Ton Maiſtre donc ?

CRISPIN.

      Mon Maiſtre ; eſt vn fou ſans remede.
Il bat preſentement le paué dans Tolede,
Et ſans conſiderer que ſon Pere griſon
A changé bruſquement depuis peu de maiſon,
Et que moy ſeul j'en ſçay le quartier, & la ruë,
Ayant ſa Lettre ſeul, receuë, ouuerte & leuë ;
Ce fameux eſtourdy ſans me dire pourquoy,
En arriuant icy s'eſt ſeparé de moy.

BEATRIS.

Va l'attendre en ton lit.

CRISPIN.

      Encor faut-il qu'on viue,
Et conuerſer vn peu quand des champs on arriue.
Lit, ny draps d'aujourd'huy ne verront mon corps nû,
Que ie n'aye cauſé comme vn nouueau venu.

BEATRIS.

Mon Dieu !

CRISPIN.

      Mon Dieu : qu'as-tu fille la moins traitable
Des filles de Tolede, & la moins conuerſable ?

BEATRIS.

Va-t'en chercher ton Maiſtre.

CRISPIN.

      Ouy ; mais ie ſuis bien las.

BEATRIS.

Et tu diſois tantoſt que tu ne l'eſtois pas.

CRISPIN.

Ie ne diſois pas bien, Beatris ma mignonne,
Mediſons vn moment ſans reſpecter perſonne :
Médy de ta Maiſtreſſe, & moy ie te diray,
Du Maiſtre que ie ſers tout ce que ie ſçauray.
Parlons de nos profis : contons-nous des hiſtoires,
Exerçons à l'enuy nos heureuſes memoires :
Ie t'en veux conter vne. Il eſtoit vne fois,
Vn Roy. Ce Roy faiſoit ſa demeure en vn bois.

                       D iij

Au milieu de ce bois paſſoit vne riuiere.
Sur la riuiere vn pont de beauté ſinguliere ,
Ioignoit au Pont-leuis d'vn ſuperbe Chaſteau,
k nuironné de tours, & de foſſez plein d'eau.
Dans ces foſſez pleins d'eau nageoit vne Sirene.
Cette Sirene eſtoit ,

BEATRIS.

On ſiſſſe.　　　　Double fiéure quartaine
A ce maudit Pedant. S'il void le Comte icy ,
Bon Dieu ! j'enten ſiffler , & croy que le voicy.
Tout eſt perdu.

CRISPIN.

　　　　Ma chere ; on ſiffle , & ce ſifflage ,
Eſt-ce pour bon deſſein , ou pour concubinage ?
Va va fais ton meſtier , loin de t'en empeſcher ,
Pour te faire plaiſir ie m'en vais me coucher.

BEATRIS.

Par ma foy , j'ay bien eu beſoin de patience ,
Voyez vn peu ſon flegme , & ſon impertinence,
Il m'a fait enrager ; mais ie le luy rendray ,
Ie n'en vſe pourtant pas trop mal à mon gré ,
Et j'en attendois pis d'vne ame ſi mal faite,
Or ça ſuiuant les pas de feu Dariolette ,
Faiſons entrer le Comte. Il ſiſile en Eſtourneau.
Entrez voleur de nuit.

SCENE III.

LE COMTE. DOM PEDRE. BEATRIS.

LE COMTE.

　　　　Eſteignez le flambeau :
Vn amor qui me ſuit ne veut pas qu'on le voye,

BEATRIS.

Madame en vous voyant aura beaucoup de joye.

LE COMTE.

Ie n'en auray pas moins.

BEATRIS.

     Ne faisons point de bruit ;

LE COMTE.

Ie vous feray paſſer vne mauuaiſe nuit.

DOM PEDRE.

Ne ſongez point en moy, ſongez à voſtre affaire,

LE COMTE.

Vous auez de l'honneur.

DOM PEDRE.

     Contre mon propre Pere ;

Contre le monde entier contre moy conjuré.
Ie perirois pour vous , puiſque ie l'ay iuré ;
Ie vous l'ay deſia dit ; & ie vous le repete.

LE COMTE.

Ie n'attendois pas moins d'vne ame ſi bien-faite.

BEATRIS.

Tréue de compliment ; noſtre ennemy commun
Eſt tendre à s'eſueiller autant qu'vn homme à jeun.

Elle introduit le Comte.

Doucement

DOM PEDRE. *demeure ſeul dans vne chaize*

    Ie deuois differer dauantage
Au mandement exprés d'vn Pere qu'on outrage ,
Et le ſuiure pluſtoſt qu'vn mortel ennemy.
Demain au point du iour ſans meſme auoir dormy
I'iray trouuer mon Pere , & ſçauoir quelle offence
Inſpire à ſes vieux ans vn deſir de vengeance.
Sa Lettre eſtoit preſſante , & j'ay bien reconnu
Que quelque grand mal-heur luy doit eſtre venu.
Manquer à ſon deuoir ; hazarder ſon eſtime ;
C'eſt en quelque façon commettre vn double crime ,
I'en ſuis au deſeſpoir.

       D iiij

SCENE IV.

DOM FELIX, DOM PEDRE.

DOM FELIX, *Entre sans lumiere.*

Ie ne me trompe pas :
Ie vien d'ouïr du bruit, des paroles, des pas,
Ie veux m'en éclaircir.

DOM PEDRE. *Frapant sur son siege.*

Que peut auoir mon Pere ?

DOM FELIX.

A ce bruit que j'entens, si ie croy ma colere,
Si le fer à la main ie cours où j'oy du bruit.
On se sauue aisément à l'aide de la nuit
Ayons de la lumiere.

DOM PEDRE.

En toute cette ruë,
Que j'ay cent & cent fois visitée & couruë ;
Il ne logea iamais Dame de qualité
Ny fille de merite, ou de rare beauté,
Qui meritast d'vn Comte estre galantisée.
L'auenture est pourtant suspecte & mal-aisée ;
Puis qu'vn homme de cœur y trouue du danger,
Et se munit ainsi d'vn secours estranger.
Vn homme vient à moy l'espée toute nuë,
Deffendons nostre poste : Arreste, où ie te tuë.

DOM FELIX.

Tu mourras le premier

DOM PEDRE.

C'est mon Pere !

DOM FELIX.

Et c'est toy !

Dom Pedre, mon cher fils :
DOM PEDRE.
Ha qu'eſt-ce que ie voy !

Mon Pere icy !
DOM FELIX.
Mon fils, qui t'a dit ma demeure ?
Et comment as-tu pû la trouuer à telle heure ?
DOM PEDRE.
O que non ſans ſujet ce diſcours me fait peur !
DOM FELIX.
Il faut mourir Dom Pedre , ou venger mon honneur,
Mais mon fils , ie te voy l'ame toute interdite ,
Et tu me parois froid alors que ie t'excite.
Sçais-tu deſia par où noſtre honneur eſt taché ;
Car vn pareil mal-heur n'eſt pas long-temps caché :
Ou ton bras puniſſant vne vie ennemie ,
Auroit-il pû deſia venger noſtre infamie ?
DOM PEDRE.
Venger noſtre infamie !
DOM FELIX.
Ouy, mon fils , la venger ,
Au prix de noſtre mal , c'eſt vn fardeau leger.
Venge moy , venge toy ,
DOM PEDRE.
Ne ſçachant pas l'offence.
DOM FELIX.
Tu la ſçauras trop toſt , courons à la vengeance :
C'eſt par ce ſeul moyen , que noſtre honneur perdu
Où le ſera ſans honte , où nous ſera rendu.
Mais mon fils , ſans rougir , te puis-je rendre compte
Du commun déplaiſir qui nous couure de honte.
Eſpargne moy , mon fils , la honte & le regret
De reueler moy-meſme vn ſi faſcheux ſecret.
Diſpenſe moy , mon fils , d'vn recit ſi funeſte ,
Va-t'en trouuer ta ſœur , apren d'elle le reſte :
Mais ſi tu m'aimes bien , parle luy doucement ,
Parle luy de pardon , plus que de chaſtiment :
En aprenant ſon mal apren luy ſon remede :

Car enfin dans mon cœur, mon fang pour elle plaide,
Et fouuien-toy, qu'elle eft, & ma fille, & ta fœur.

DOM PEDRE.

Ie fers mon ennemy contre mon propre honneur.
O Dieu! que de mal-heu:s fur moy le Ciel affemble.

DOM FELIX.

Dom Pedre, faifons mieux allons la voir enfemble,
Et flatant fa douleur, tafchons de luy monftrer.

DOM PEDRE.

Non mon Pere attendez, vous n'y pouuez entrer.

DOM FELIX.

Moy ie n'y puis entrer!

DOM PEDRE.

Ie vous di vray, mon Pere,
Vous n'y pouuez entrer moy viuant.

DOM FELIX.

Quel miftere?
Ou quelle extrauagance? es-tu dans ton bon fens?
Et pourquoy ces foufpirs, & ces yeux languiffans?
Ofte-toy.

DOM PEDRE.

N'entrez pas; ie garde cette porte.

DOM FELIX.

Refifter à fon Pere? & parler de la forte!
Il ne me manquoit donc pour combler mon malheur,
Que ta raifon bleffée, autant que mon honneur?

DOM PEDRE.

Mon Pere, ma raifon ne fut iamais plus faine:
Mais vn iufte fujet.

DOM FELIX.

Ne crains-tu point ma haine?
Fils ingrat.

SCENE V.

LEONORE. LE COMTE. DOM PEDRE.
DOM FELIX.

LEONORE. *Derriere le Theatre.*
C'eſt en vain tu ne ſortiras pas.
LE COMTE. *Derriere le Theatre.*
Madame ouurez la porte, ou ie la mets à bas.
DOM FELIX.
Vn homme chez ma fille, ô Dieu !
DOM PEDRE.
Contre ſon Pere ,

Deffendre vn ennemy !
LEONORE. *Entrant ſur le Theatre.*
Quoy ? mon Pere & mon frere !
LE COMTE.
Dom Pedre à vos coſtez ie viens vaincre, ou mourir.
LEONORE.
Cher Comte, à tes coſtez ie ſuis preſte à perir.
DOM FELIX.
Mon fils, c'eſt l'ennemy qui nous pert, & nous braue,
LE COMTE.
Il le nomme ſon fils !
DOM FELIX.
Il faut que ſon ſang laue
Noſtre commune offence, il faut que noſtre honneur
Reuiue dans la mort d'vn laſche ſuborneur.
DOM PEDRE.
Ie n'ay point à choiſir, il faut ſauuer le Comte,
Manquer à ſa parole eſt la derniere honte.
DOM FELIX.
Tu parles bas mon fils ?

DOM PEDRE.

Mon Pere il faudroit voir.

DOM FELIX.

Ha ie n'ay veu que trop. Appren-moy mon deuoir.

LE COMTE.

De te trahir Dom Pedre, il m'euſt eſté facile :
Quand chez moy contre moy ie te ſeruis d'azile :
Et chez toy cependant, entre ton Pere & moy,
Ie te voy hezitter comme vn homme ſans foy ?

DOM FELIX.

Quoy ! mon fils, aux raiſons que ſa peur luy ſuggere,
Ton cœur preſte l'oreille & la ferme à ton Pere ;
Il t'a ſauué la vie, il s'en eſt fait honneur :
Mais il rauit le tien, l'inſolent ſuborneur.
Vengeons, vengeós, mon fils, vengeons noſtre infamie.

DOM PEDRE.

Mon Pere, ie luy dois ma parole, & ma vie.
Vous me l'auez donnée ; il me l'a pû rauir.
Chez luy contre moy ſeul, il a pû ſe ſeruir
De ſa rare valeur à ma perte animée ;
Par le ſang reſpandu d'vne perſonne aimée :
Il a pû ſe ſeruir de valets contre moy,
Et vous eſtiez ſans fils, s'il euſt eſté ſans foy.

DOM FELIX.

Prefere vne parole à la haſte donnée,
A ta gloire fleſtrie, à ta ſœur ſubornée.
Va, va, ſauue la vie à ton conſeruateur :
Mais ne me nomme plus de la tienne l'autheur.
Ouy, que ie ſois ſans fils, qu'il nous tuë, ou qu'il meure.

LE COMTE.

Eſcoute-moy Dom Pedre ; & toy vieillard, demeure.
Ie ſçay donner la vie, & la deffendre auſſi,
Et mon bras ſeul encor peut me tirer d'icy :
Mais du Pere & du fils, quand la fureur vnie
Auroit verſé mon ſang, & ma trame finie ;
Indignes ennemis, pouuez-vous empeſcher,
Qu'on ne vous puiſſe vn iour iuſtement reprocher,
Qu'vn fils peu genereux, ſans moy ſeroit ſans vie,

Qu'vn

Qu'vn Pere, dont ma perte est la joye, & l'enuie,
Sans moy se trouueroit sans fils, & sans suport,
Et que seul contr'eux deux, j'ay disputé ma mort.
Pouuez-vous effacer vne si noire tache ?
Pouuez-vous empescher que l'Espagne ne sçache,
Que j'ay fait pour le fils, bien plus que ie n'ay dû:
Enfin, qu'il me doit tout, & ne m'a rien rendu.
Venez apres cela, venez, & Fils, & Pere,
Venez d'vn bien-faiteur, esprouuer la colere.

DOM FELIX.

Ouy seul, & sans mon fils, ie m'expose à vos coups.

DOM PEDRE.

Mon Pere où vous transporte vn aueugle courroux?

DOM FELIX.

A me perdre, à te perdre, à poignarder ma fille.
O peste detestable à toute ta famille ;
Il faut que sur le champ vn poignard dans ton sein.

DOM PEDRE.   *Arrestant son Pere.*

Ah que sur moy plustost ce tragique dessein
Se commence, & s'acheue.

DOM FELIX.

Ostez-luy.

LE COMTE.   *Touchas à Leocane.*

Tout à l'heure

Gagnez viste la ruë, & de-là ma demeure.

DOM FELIX.

Enfin donc, fils sans cœur, à quoy te resous-tu

DOM PEDRE.

A croire mon honneur, à croire ma vertu,
A garder ma parole, à venger mon offense.

DOM FELIX.

Tu mets donc l'vne & l'autre en égale balance ?
Tu luy fais perdre vn frere, il suborne ta sœur ;
L'vn, est vn déplaisir, l'autre, est vn deshonneur ;
L'vn ne veut qu'vn combat, l'autre veut vne vie ;
L'vn fait porter le deüil, & l'autre l'infamie.
Voy, voy, comme ie sçay me venger, & sans toy,

E

DOM PEDRE. *Voulant arrester son Pere.*

Mon Pere , si iamais.

DOM FELIX.
Ne parle point à moy.
A part.

Ie m'en vais enfermer cette imprudente fille
Dans sa chambre , & demain dans vne austere grille.
Dom Felix sort.

DOM PEDRE.

Comte , tu te vois seul , & connois ayzément ,
Que plusieurs nous pouuons te perdre en vn moment,
Puisque ie le pourrois seul , & sans auantage :
Mais ie dois pour le moins t'esgaler en courage.
Tu sçais que perdre vn frere , & perdre son honneur ,
N'est pas perte pareille entre les gens de cœur.
Ma generosité surpasse donc la tienne ,
D'autant que ton offence est moindre que la mienne
Ie paye auec vsure , vn bien que tu m'as fait :
Mais ce n'est pas assez que tu sois satisfait ;
Il faut que ie le sois. Ta mort seule est capable,
Si ton crime enuers nous peut estre reparable,
De mettre mon honneur en son premier esclat.
Sors donc : Mais pour entrer tost apres au combat.
Vn combat satisfait les manes de ton frere ;
Ta mort , satisfera moy , ma sœur , & mon Pere.
Estant homme de cœur , tu la disputeras :
Mais le Ciel est injuste , ou bien tu periras.

LE COMTE.

La chose gist en Fait. Où te faut-il attendre ?

DOM PEDRE.

Dans la place , où ie vais toute à l'heure me rendre.

LE COMTE.

Ie n'attens pas long-temps.

DOM PEDRE.
I'ay haste plus que toy ,
De te voir seul à seul aux mains auecque moy.
Va-t'en donc.

DOM FELIX. *Reuient.*

Quoy mon fils ! il fort auec la vie?
A qui te perd d'honneur tu ne l'as point rauie?

DOM PEDRE.

Ie le trouueray bien.

DOM FELIX.

Trouue pluftoft ta fœur,
Infame confident d'vn cruel rauiffeur.

DOM PEDRE

Quoy mon Pere ! ma Sœur.

DOM FELIX,

Dom Pedre fort.

Eft en fuite, eft fauuée :
Mais ne te montre point qu'elle ne foit trouuée :
Ou pluftoft, lafche fils, ne te montre iamais.
Ie ne veux plus de fils, de fille, ny de paix.
La lafcheté d'vn fils, la honte d'vne fille,
Perdent également l'honneur de ma famille :
Perdons-en la memoire, & fanr plus differer,
Allons du Souuerain la Iuftice implorer ;
Et s'il n'eft point pour nous de Iuftice à Tolede,
La violence alors, fera noftre remede.

Fin du Troifiefme Acte.

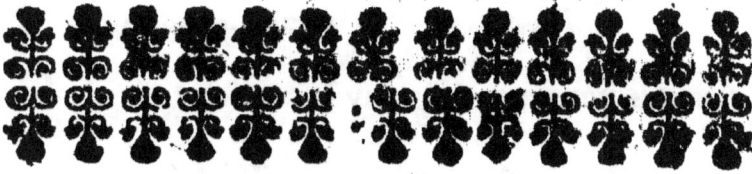

ACTE IV.

SCENE I.

CRISPIN. BEATRIS.

CRISPIN.

POVR te dire le vray, j'adoptois la viſite;
Car tu la deuois bien à mon rare merite.

BEATRIS.

Ie venois ſeulement voir ton Maiſtre, & pour toy
Ie ne te croyois pas en la Maiſon du Roy;
Mais comment t'a-ton pris?

CRISPIN.

                                        A ce bruit effroyable
Que l'on a fait la nuit, à la rumeur du Diable
Qu'ont fait le fils, le Pere, & le Comte acharnez
A trouuer maux nouueaux, & ſe les dire au nez;
I'ay quitté le grabat, & j'ay ſuiuy mon Maiſtre,
Qui ſortoit furieux, & pâle comme vn traiſtre,
Iurant entre ſes dents, nommant ſouuent ſa ſœur,
Et la donnant au Diable, elle & ſon rauiſſeur.
De quartier en quartier il a cherché le Comte :
Nous ne l'auons trouué, ny luy, ny noſtre compte.
Vn Preuoſt nous a pris, & nous a mis leans;
Leans, c'eſt vn manoir qui reſſemble à ceans;
Ceans, c'eſt la priſon; Priſon; c'eſt où ie peſte;
Peſter, c'eſt dire, mort, teſte, ſang, ie deteſte,
Deteſter.....

BEATRIS.

Ha tay toy, tu ris hors de saison.

CRISPIN.

Si bien que vous auez desgarny la Maison ?

BEATRIS.

Ie t'ay conté comment la chose est arriuée.

CRISPIN.

Si bien que Leonore auec toy s'est sauuée ?

BEATRIS.

Chez le Comte.

CRISPIN.

Et sa sœur Cassandre ?

BEATRIS.

Elle nous fit
Vn merueilleux accueil; sa bonté nous rauit ;
Enfin, ce n'est plus qu'vn de ma Maistresse & d'elle.

CRISPIN.

Ie t'apren que mon Maistre est son amant fidelle,
Et c'est pour son sujet qu'à son frere germain,
Il fit comme tu sças perdre le goust du pain.

BEATRIS.

I'appris hier cette mort pendant tout leur grabuge.

CRISPIN.

Cependant, ie verray tantost face de Iuge,
Cela ne me plaist point ; mais pourquoy sortiez-vous?

BEATRIS.

Parce qu'on ne parloit que de donner cent coups,
Et sçauez-vous dequoy ! de poignard, & le Pere
Nous paroissoit alors aussi fou que le frere,
Nous sommes chez le Comte, & ma maistresse & luy
Ne s'aymerent iamais tant qu'ils font aujourd'huy.

CRISPIN.

Nous sommes en Prison, où Crispin & son Maistre
Sont, me semble, aussi mal qu'ils puissent iamais estre,
Pour moy ie me console, & ie rencontre icy,
Des gens qui comme moy se consolent aussi.
Ie vien de leur payer à tous ma bien-venuë.

E iij

BEATRIS.

Et moy, je m'en reuay comme je suis venuë.

CRISPIN.

En te remerciant.

BEATRIS.

Il n'y a pas dequoy,

Alors qu'on te pendra je priray Dieu pour toy.

CRISPIN.

I'espere à mes souhaits si Dieu presté l'oreille,

En mesme occasion te rendre la pareille :

Adieu causeuse.

BEATRIS.

Adieu.

CRISPIN.

Me viendras-tu reuoir ?

BEATRIS.

Si j'y vien, ce sera peut-estre vers le soir.

SCENE II.

ZAMORIN. CRISPIN.

ZAMORIN.

Elle a parbleu bon air ! quelle est cette Princesse ?

CRISPIN.

Vne fille de bien, qui pour moy s'interesse.

ZAMORIN.

Elle n'est pas pourrie ! & porte bien les piez.

CRISPIN.

Sont-ils allez dormir nos braues conuiez.

ZAMORIN.

Ils se sentent vn peu de vostre bonne chere.

CRISPIN.

I'ay fait selon le lieu, le temps, & la misere.

ZAMORIN.

Il faut se resiouyr, car nous serons demain
Peut-estre en l'autre monde, où du moins en chemin.
Pour moy desia trois fois en cette mesme place,
I'ay veu comme l'on dit le trespas face à face,
Ie n'en ay pas moins bû, ie n'en ay pas moins ry,
Car s'en trouue-t'on mieux, pour faire le marry,
Vous ay-je pas fait voir des hommes d'importance?
Viue Dieu, si iamais, & l'Espagne, & la France,
A veu pareille troupe, & de plus braues gens,
En vn lieu rassemblez par les mains des Sergens,
Nous y tuons le temps à conter quelque Histoire,
A jouer, à dormir, à ne rien faire, à boire,
Et professons en tout d'agir en gens de bien.

CRISPIN.

Le Seigneur zamorin a dit bien, & tres bien.

ZAMORIN.

Pour voir vostre personne en ces lieux escrouée,
Ie ne vous en voy pas l'humeur moins enjoüée.

CRISPIN.

Aussi, n'y suis-je pas pour la premiere fois.

ZAMORIN.

En auez-vous desia tasté?

CRISPIN.

Plus de deux mois,
Et pour n'auoir rien fait.

ZAMORIN.

Chacun en dit de mesme.
Enfin qui vous y mit?

CRISPIN.

La passion extréme
Que j'eus pour vn objet charmant.

ZAMORIN.

Dites vous tout?

CRISPIN.

Ie vous vay raconter l'affaire iusqu'au bout.
Vn Auocat Coquet à teste perruquée,
Gardoit bien cherement vne bourse musquée,

E iiij

Ie ne hay pas cela ; j'en deuins amoureux.
La Donzelle n'eut pas le cœur fort rigoureux ,
Dans ma poche aussi-tost l'amitié nous assemble.
L'Auocat enragé de nous voir bien ensemble ,
(A vous dire le vray j'auois rauy sa fleur ,)
Informa contre moy , me traita de voleur ;
On m'arresta pour rapt , me trouuant auec elle ,
Ie fus mis en prison separé de la belle ;
I'alleguay mes raisons , dis qu'elle estoit à moy ,
Et soûtins qu'elle auoit ma parole & ma foy :
L'Auocat fit pourtant , rompre le mariage ,
Et sans mes bons amis j'estois long temps en cage.

ZAMORIN.

Tous les hommes d'honneur sont mal-heureux ainsi :
Mais aujourd'huy pourquoy vous a-t'on mis icy?
CRISPIN.
Pour aymer par excez.
ZAMORIN.
      Est-ce vne bourse encore ;
Nô; Mais vn chien de Maistre; vn vaurien que j'adore.
Allans ce Maistre & moy , la nuit galantizer ,
Et vous ne deuez pas vous en scandalizer.
Car enfin l'homme est homme , & sujet à foiblesse ,
Comme chacun de nous cajoloit sa Maistresse ,
La Iustice est venuë , & nous le fer au poing
Nous l'auons repoussée , & poussée assez loin.
Nostre Maistre d'abord a fait de sa main blanche
Vne playe au Preuost au dessus de la hanche ,
A de son Lieutenant offencé le sternum ,
Et j'ay fait au Greffier visage de Guenon.
Luy faisant choir du nez la meilleure partie ;
L'estafillade est rare , & faite en simetrie ;
Elle luy sied fort bien , & par tout passeroit
Pour estre naturelle à qui ne le sçauroit.
La pluspart des Archers sont blessez par mon Maistre ,.
ZAMORIN.
En est-il mort quelqu'vn?

CRISPIN.

Cela pourroit bien estre.

Les cloches ont sonné, dit-on, auprés delà.

ZAMORIN.

Si cette affaire est vraye, & va comme cela,
Il y pourroit entrer vn tant soit peu d'Echelle :
Mais à l'homme de cœur ce n'est que bagatelle.

CRISPIN.

L'affaire, s'il vous plaist, soit secrette *Inter nos*.

ZAMORIN.

Con lisenza Patron, Ie vay dire deux mots,
A l'homme que ie voy.

CRISPIN.

Volontiers camarade,

Et moy ie vay dormir.

ZAMORIN.

Mon amy la Taillade

Et qui t'amoine icy ?

SCENE III.

LA TAILLADE. ZAMORIN.

LA TAILLADE.

Le dessein de te voir.

ZAMORIN.

Tu me vois en prison.

LA TAILLADE.

Ie vien de le sçauoir.

Ayant à te parler, d'vne course inutile
I'ay fait en vn moment tous les coins de la ville,
I'ay couru tous les lieux d'assemblée, & d'ébat,
Où nous deliberons des affaires d'Estat.
Enfin, n'esperant plus d'auoir de tes nouvelles,

Par bon-heur, j'ay trouué Iane des Efcroüelles,
La veufue du Boiteux qu'on pendit à Burgos.

ZAMORIN.

Celuy qui t'accufa du vol de deux cheuaux ?

LA TAILLADE.

Le mefme. Tu fçais bien comme la vieille caufe,
Elle m'a dit ta prife, & m'en a dit la caufe ;
Et moy, fans perdre temps, ie te fuis venu voir,
Enragé que ce foit en ce hydeux manoir ;
Mais il en faut fortir.

ZAMORIN.

T'a-t'elle dit l'affaire
Comme elle eft ?

LA TAILLADE.

Ie ne fçay. Ie la trouue peu claire
Comme elle la raconte.

ZAMORIN.

Vn certain Efcolier,
Galantizoit la fœur de certain Caualier.
Ce certain Caualier, nous ayant bien fait boire
Et bien payez auffi, pendant vne nuit noire,
Nous pofta cinq Bretteurs, pour reduire à neant,
En pur affaffinat ce braue ftudiant.
Ce braue ftudiant n'eftoit pas vne poulle.
Cinq nous l'attaquons feul ; feul, il nous bat en foule
Et donne au Caualier d'abord entre œil & bat,
De ces coups qu'entre nous on nomme échec & mat.
Le Bourgeois s'accumule, & la Iuftice arriue,
On m'atrappe, on m'arrefte, on demande qui viue,
Ie ne dis pas le mot ; on me met en prifon,
Où j'ay toufiours dit non, ainfi que de raifon.
On fait courir de nous vn bruit fourd de Galere :
Grace à Dieu, ie ne fuis ny traiftre ny fauffaire.
Si l'on veut que ie rame, & bien ie rameray,
I'y fuis Maiftre paffé : Mais ie me vangeray,
Et certains happechairs en auront dans leurs pances.

LA TAILLADE.

Cher zamorin il faut pardonner fes offences,

Nous sommes tous Chrestiens.

ZAMORIN.

Et quand tu m'as cherché,
Que voulois-tu de moy ?

LA TAILLADE.

Te mettre d'vn marché
Pour lequel, j'ay touché mille escus à bon compte.

ZAMORIN.

Est-ce affaire de sang ?

LA TAILLADE.

C'est pour tuer vn Comte,
Le mesme qui te tient si bien emprisonné,
Et l'on luy fait le tour pour vn soufflet donné.
Vn cartel de deffy vers le soir nous l'amene
Au bout du Pont, où l'eau nous tirera de peine
D'enseuelir le corps.

ZAMORIN.

Vous faites bon marché,
Supprimer vn Seigneur pour si peu c'est peché.

LA TAILLADE.

Il n'y faut plus songer, c'est vne affaire faite.

ZAMORIN.

Qui seront les Acteurs.

LA TAILLADE.

Le Gaucher, la Cliquette,
Le Seuillan, & moy.

ZAMORIN.

Vos armes ?

LA TAILLADE.

Sont à feu.

ZAMORIN.

L'espée & le poignard asseurent mieux vn jeu.

LA TAILLADE.

Nous aurons l'vn & l'autre.

ZAMORIN.

Ha par ma foy j'enrage
De n'en pouuoir pas estre, & de me voir en cage.

LA TAILLADE.

Tu n'y vieilliras pas.

ZAMORIN.

Qui m'en empeschera?

LA TAILLADE.

De bel argent de Dieu que la Taillade aura:
Seul ie touche deux pars, escoute...

SCENE IV.

VN PREVOST. DOM PEDRE. ZAMORIN.

LE PREVOST.

Que l'on sorte.
Demeurez Zamorin; & poussez cette porte.

DOM PEDRE.

On m'impute la mort d'vn certain Dom Louis,
Dont ie suis deschargé par les tesmoins ouis.
Vn Seigneur Zamorin, vn braue à toute outrance;
Ne m'ira pas charger contre sa conscience,
Et ne voudra iamais à mes despens mentir,
Quand mesme pour cela son le feroit sortir.

LE PREVOST.

Dites la verité, Zamorin.

ZAMORIN.

Dieu me garde
De la cacher iamais: Tant plus ie le regarde,
(C'est pourtant l'Escolier ie le reconnois bien)
Le coupable, & Monsieur ne ressemblent en rien.
Celuy dont vous parlez, estoit rouge en visage,
Plus petit que Monsieur, & plus gros de corsage:
Il estoit gras à lard, dans sa taille engoncé,
Des iambes, il faisoit vn Igrec renuersé;
Car il estoit cagneux afin que ie m'explique;

Et

Et Monsieur est bien fait , & droit comme vne pique,
Ma deposition seule en vaut plus d'vn cent.

DOM PEDRE.

Ie vous laisse à iuger si ie suis innocent.

ZAMORIN.

Ie vous le maintien tel , au peril de ma vie.

LE PREVOST,

Sa deposition ayde fort à l'enuie
Que j'ay de vous seruir.

DOM PEDRE.

De l'obligation

Ie me reuancheray.

LE PREVOST,

Mesme sans caution
On vous peut eslargir dés aussi-tost qu'au Comte
Des informations on aura rendu compte.
Vous n'estes ny connu , ny chargé des tesmoins :
Sans vn plus fort indice , on ne peut faire moins
Que de vous laisser libre : en tout cas cette affaire
Iroit à quelques frais , qu'il faudroit encor faire.
Ie ne dis pas pour moy , qui n'aime pas le bien :
Mais vous sçauez, Môsieur, qu'ō ne fait rien pour rien,

Le Preuost s'en va.

DOM PEDRE.

Mon braue , ie vous suis tout à fait redeuable.

ZAMORIN,

Des hommes ie serois le plus abominable ,
Et pire qu'vn poltron enté sur vn voleur,
Si ie n'auois seruy vostre rare valeur.
Ie vous ay veu de prés , & n'ay veu de ma vie
Homme , dont la valeur m'ait donné plus d'enuie,
Et mesme ait donné plus à la mienne à songer.
Au reste vous sçaurez que le Comte estranger
Qui vous retient icy , vous payera la dette.

DOM PEDRE.

Qu'entendez-vous par-là ?

ZAMORIN,

Que son affaire est faite.

Quelques braues, tous gens de parole & d'effet,
Tantost auprés du Pont luy donneront son fait.
Vn Seigneur de la Cour, pourueu que l'on l'assomme,
Leur doit payer content vne notable somme.
Vn cartel suposé l'amiene au rendez-vous,
Où leurs bras agiront & pour eux, & pour vous.

DOM PEDRE.

Ie vous suis obligé d'vne telle nouuelle.

ZAMORIN.

Le secret.

DOM PEDRE.

Vous verrez, comme ie suis fidelle.

SCENE V.

CRISPIN, DOM PEDRE.

CRISPIN.

LE Soleil eclipsé sous vn sombre broüillas,
Ou bien si vous voulez, sous vn noir taffetas,
Demande à vous parler.

DOM PEDRE.

Que dis-tu?

CRISPIN.

Qu'vne femme
Dont la mine à mon sens est plus d'vne grand Dame
Que d'vn moulin à vent, demande à vous parler.

DOM PEDRE,

Elle prend mal son temps, & peut bien s'en aller.

CRISPIN.

Elle n'en fera rien : car elle est resoluë
De vous voir, eut deust-elle estre icy retenuë..

DOM PEDRE.

Ie suis bien esloigné de songer à l'amour.

Mais là voicy qui vient. Mon braue au premier iour
Nous nous reuancherons.

ZAMORIN.

Brisons-là, ie vous prie,
Ie voudrois faire plus pour voſtre Seigneurie.

DOM PEDRE.

Madame, l'on m'a dit que vous me demandiez.

SCENE VI.

CASSANDRE. DOM PEDRE. CRISPIN. LIZETTE.

CASSANDRE.

OVy braue Caualier, ſçachant qui vous eſtiez,
Sçachant voſtre priſon, & que voſtre nobleſſe
Eſt riche de merite, & manque de richeſſe,
Ie vous en vien offrir : Mais à condition
Que ſans vous informer de ma condition,
Sans vouloir par mon nom connoiſtre ma perſonne,
Vous me ſçaurez bon gré de ce que ie vous donne.

DOM PEDRE.

Quand le Ciel m'auroit fait d'humeur à receuoir,
Ie ne puis accepter voſtre offre ſans vous voir,
Ny vous en ſçauoir gré deuant que vous connneſtre.
Ie crains le nom d'ingrat, ie croirois deſia l'eſtre
Acceptant vn bien-fait dont i'ignore l'autheur.
M'iray-je faire ingrat de gayeté de cœur ?

CASSANDRE.

Voſtre raiſonnement mes bons deſſeins élude,
Et l'eſprit y paroiſt plus que la gratitude.
Ie ſors d'auprés de vous le viſage confus ;
Car ie ne penſois pas y trouuer vn refus.
Ce que ie vous offrois, & qui n'a pû vous plaire

F iij

Me couſtoit mille fois plus à dire qu'à faire:
Peut-eſtre en l'acceptant, euſſiez-vous obtenu,
De ſçauoir vn ſecret qui vous eſt inconnu.
Et qui vous preparoit vne bonne fortune :
Mais ie ne ſonge pas que ie vous importune.

DOM PEDRE.

Madame, ie voy bien qu'il vous faut obeyr :
Mais ſouhaiter vous voir, eſt-ce ſe faire hayr ?
Et ſans vous offencer.

CASSANDRE.

     Vous tentez l'impoſſible.
Ie ne ſçaurois vous voir, ſans vous eſtre inuiſible.
Ou bien vous vous tiendrez à mes conditions,
Ou bien.   *Elle parle bas.*

CRISPIN.

    Vous venez donc, comme des viſions
Tenter les priſonniers ? montre-moy ton viſage
Ange de taffetas.

LIZETTE.

     Tu cherches ton dommage,
Et ſi tu m'auois veuë.

CRISPIN.

     En perdrois-je les yeux?

LIZETTE.

Tu perdrois ta franchiſe.

CRISPIN.

     Et bien voyons, tant mieux.
Mais j'aperçois venir le Diantre qui m'emporte.
Ha mon cher Maiſtre !

DOM PEDRE.

    Et bien qu'as-tu ?

CRISPIN.

      Prés de la porte
Ie viens de voir le Comte.

CASSANDRE.

     Ah mon Dieu ! cachez-moy
C'eſt mon frere.

ENNEMIS. 65

DOM PEDRE.
Et c'est vous Madame ?
CRISPIN.
Et c'est donc toy

Lizette ?
DOM PEDRE. *Les faisant cacher.*
Entrez, entrez vistement,
CRISPIN.
S'il l'a veuë

Nous allons voir beau jeu.

SCENE VII.
LE COMTE. DOM PEDRE.

LE COMTE.

Ma visite impreueuë
Vous surprend.
DOM PEDRE.
Il est vray que vous me surprenez ;
Vous me rendez visite, & vous m'emprisonnez.
Venez-vous empirer le sort d'vn miserable ?
Vous repaistre les yeux du mal heur qui m'accable ?
Insulter au captif, sans deffence & sans mains ?
Comte, ces sentimens sont bas, sont inhumains.
Et ie vous aurois crû d'ame trop genereuse
Pour vous venger de moy par vne voye honteuse,
De moy ; qui me voy pris pour vous auoir cherché.
LE COMTE.
Cessez d'expliquer mal ce qui vous est caché.
Vous sortirez demain n'ayant point de partie,
Et nous nous chercherons apres vostre sortie.
DOM PEDRE.
Et qui me fait sortir ?

LE COMTE.

Moy, que vous blafmez tant.

DOM PEDRE.

C'eft vous qui me rendez ce feruice important !

LE COMTE.

C'eft moymefme, & qui vien afin que rien n'y mâque,
D'affermer qu'vn des miens vous vit à Salamanque,
Le iour que Dom Louis fut tué par vos mains.
Ces fentimens font-ils fort bas ? fort inhumains ?
Et fçauons-nous auffi porter loin la brauoure ?

DOM PEDRE.

O Dieu! fera-ce à moy d'auoir toufiours à coure,
Moſt Mon ennemy que j'ayme, & qu'il faudra pourtant
Que ie perde, ou perir moy-mefme en combatant,
Si vous me deliûrez ; eft-ce qu'il vous importe
Que ce foit toute à l'heure, ou demain que ie forte?

LE COMTE.

Il m'importeroit peu que ce fuft à l'inftant,
Si ce n'eft qu'à ma gloire, il eft fort important
Quand vous ferez forti, de vous chercher moy mefme.
Et cependant il faut par vn mal-heur extréme,
Que le refte du iour, quand vous me chercheriez
Ie me cache, où iamais vous ne me trouueriez.
Quelle hafte auez-vous de fortir toute à l'heure ?
Attendez à demain.

DOM PEDRE.

Il m'importe, ou ie meure.

LE COMTE.

Faifons donc quelque tréue ?

DOM PEDRE.

Ouy, donnez-moy la main.
Mais à condition qu'elle finit demain.

LE COMTE.

Il faut, querelle à part, que de mes bras j'embraff.
Mon plus grand ennemy.

DOM PEDRE.

Quelle eftrange difgra:e!

Faut-il en mefme temps, vous aimer, vous hayr !
Mais mon Pere.

S C E N E   V I I I.

DOM FELIX. DOM PEDRE. LE COMTE.

DOM FELIX.

Ouy mon fils, c'eft fort bien m'obeyr,
C'eft croire les confeils d'vn Pere, c'eft les fuiure ;
Fils ingrat, fils poltron, fils indigne de viure.
Tu venges donc ainfi ton honneur offencé ?
Et fatisfais ainfi ton Pere courroucé ?
Tu te fouuiens ainfi de ta fœur fubornée ?
Et tu gardes ainfi ta parole donnée !
Toy qui la fçais garder fi rigoureufement,
Que tu fais moins d'eftat de moy que d'vn ferment.
Et ne m'auois-tu pas engagé ta parole,
De venger mon honneur fur celuy qui le volé ?
Et par ces mefmes bras dont tu l'as embraffé
Que ie verrois fon corps de mille coups percé ?
S'il auoit eu des miens vne pareille eftreinte,
Encor que leur vigueur foit defia prefque efteinte,
Ils auroient defchiré fon cœur en vn inftant,
Et fi ie t'embraffois, ils t'en feroient autant.
Peus-tu bien fans pleurer, me voir pleurer infame.
Voy, voy couler mes pleurs, c'eft le fang de mó ame.
Au peril d'efpuifer mon corps de tout le fien,
Ie refpandray celuy qui fait glacer le tien.
Mais laiffons-là ce fils, qui faifoit tant le braue,
Qui fait aux yeux d'vn Pere vne action d'efclaue.
Ce mal-heureux verra fon vieil Pere aujourd'huy
Vaincre, ou mourir pluftoft, que viure comme luy.
Tu te ris infolent de ma vaine menace ;

Mais mes ans ont encor du feu parmy leur glace :
L'infolence eft fouuent reduite à fuplier.
Le bras qui fait les grands peut les humilier.
Tien-toy bien.

LE COMTE.

Vous auez vn Pere fort colere.

DOM PEDRE.

Comte, n'en parlons point; car enfin, c'eft mon Pere.
A bien confiderer combien vous l'offencez,
Et qu'il nous a trouuez toute à l'heure embraffez,
Mettez-vous dans fa place ; eft-il homme fi fage,
Offencé comme il eft par vn dernier outrage,
Qui ne fuiue d'abord fon premier mouuement,
Et qui ne m'euft traité comme luy rudement ?

LE COMTE.

Ie vous l'auoüe, adieu, nous nous verrons peut-eftre
Demain; Mais d'aujourd'huy, ie ne fçaurois pareftre
Ayant à m'occuper iufqu'au foir.

DOM PEDRE.

Ie fçauray
Bien-toft où vous ferez.

LE COMTE.

Ie vous exempteray
Du foin de me chercher.

SCENE IX.

LE PREVOST. LE COMTE. DOM PEDRE.

LE PREVOST.

Monfieur, à la Requefte
Du Seigneur Dom Felix, auec regret j'arrefte
Vn homme comme vous.

LE COMTE.

Moy ! m'arrester ! comment ?

Et pourquoy ?

LE PREVOST.

C'est, Monsieur, pour vn enleuement.

DOM PEDRE.

I'en ay de desplaisir plus que vous l'ame atteinte :
Mais comment a-t'il pû faire si-tost sa plainte ?

LE PREVOST.

Deuant que de venir il auoit obtenu
Le decret. Vous sçauez, à quoy ie suis tenu :
Si d'ailleurs ie pouuois par quelque bon office
Qui dependist de moy, vous rendre du seruice,
Dessus moy vous auez vn absolu pouuoir.

LE COMTE.

Monsieur, vous auez fait en tout vostre deuoir,
Laissez-nous icy seuls, & qu'on sçache à la porte
Que ie n'empesche point que Dom Pedre ne sorte.

LE PREVOST.

L'ordre est desia donné.

LE COMTE.

Le Preuost s'en va.

Laissez-nous donc icy.

DOM PEDRE.

Ie suis fasché de voir que l'on vous traite ainsi :
Mais fiez-vous en moy ; ie vous donne parole,
De vous faire passer au trauers de la geole
Sans que d'aucun Geolier vous soyez aresté.

LE COMTE.

Ie me croirois par vous comme ressuscité :
Car enfin, ie me meurs de regret & de honte,
De ce qu'on peut penser que ie fais peu de compte.
De garder ma parole, alors que j'ay promis,
Moy, qui la sçay garder mesme à mes ennemis.
Ie me bats aujourd'huy, puis qu'il vous faut tout dire,
Et dans vne heure ou deux, tout au plus tard expire
Le temps que ie me dois trouuer au rendez-vous :
I'y manque, on m'emprisonne, & tout cela pour vous.

Mais quel pouuoir, Dom Pedre, auez-vous fur la porte.

DOM PEDRE.

Pourueu que vous fortiez, Comte, que vous importe
Comment vous fortirez. Ie vous feray fortir ;
Mais à condition, de ne fe départir
D'vn ordre tres exprez, qu'il faut que ie vous donne.

LE COMTE.

Ie ne manquay iamais de parole à perfonne.

DOM PEDRE.

Ie fçauray bien d'ailleurs prendre mes feuretez,
Venez.

LE COMTE.

Iufques icy, nos generofitez
Ont fait tous nos combats.

DOM PEDRE.

Il faut qu'elles finiffent
Bien-toft par vn duël.

LE COMTE.

Si mes vœux s'accompliffent
Ce fera par la paix.

DOM PEDRE.

Nous le fçaurons demain
Si nous nous voyons feuls, & le fer à la main.

Fin du Quatriefme Afte.

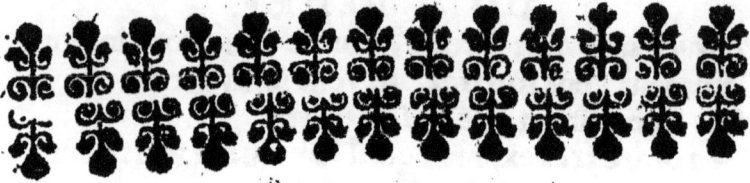

ACTE V.
SCENE I.

CRISPIN. DOM PEDRE.

CRISPIN.

LA peſte, mon Patron, & que vous en ſçauez.
Et quel homme eſtes-vous, qui ſi bien les ſauuez?
Qui ſi bien les priſons fourbez à la ſourdine.
Voſtre eſprit en ſçait plus, que n'en dit voſtre mine.

DOM PEDRE.

N'ay-je pas fait ſortir le Comte adroitement.

CRISPIN.

Sa ſœur n'a-t'elle pas tremblé cruellement,
Voyant à ſes talons ſon frere & non Lizette?
Elle aura bien peſté contre vous, la coquette.

DOM PEDRE.

Tay toy fat.

CRISPIN.

Ce grand Comte en femme traueſty,
Auoit plus peur que vous, alors qu'il eſt ſorty.
Deſguiſé d'vne robe, & couuert d'vne mante,
il ſentoit ſon fantoſme, & non pas ſa ſeruante.
Au reſte il cheminoit ſi maſculinement,
Que ie me diuertis d'y ſonger ſeulement.
Mais hazarder ainſi ſa ſœur ſur ſa parole
C'eſt, ne vous en déplaiſe, vne action tres folle;
Car enfin, par hazard, par curioſité,
Ou comme vous voudrez, ce miſtere eſuenté,
C'eſtoit à vous à courre, & cette pauure fille

Tomboit de mal en pis, alloit de cage en grille,
Eſtoit au moins razée, & par prouiſion,
Son beau teint receuoit quelque contuſion.

DOM PEDRE.

Auſſi ne m'y fiant que de la bonne ſorte,
N'as-tu pas remarqué qu'au ſortir de la porte
Ie ſay touſiours ſuiuy, iuſqu'à tant que ſa ſœur
Se ſeparant de luy, ſe ſoit miſe en lieu ſeur.

CRISPIN.

La pauurette pour vous de la ſorte engagée
De ce bon tour d'amy vous eſt fort obligée :
Mais auoüez, Monſieur, que vous ne l'auez fait,
Que pour paſſer par tout pour Caualier parfait,
Que pour paſſer par tout pour Oreſte, ou Pilade :
Et tout cela Monſieur, qu'eſt-ce ? fanfaronade.
Et Lizette en priſon ?

DOM PEDRE.

         On l'a deliurera,
Auecque de l'argent le pluſtoſt qu'on pourra.

CRISPIN.

Et ſi l'on la demande ?

DOM PEDRE.

         Elle eſt à la campagne

CRISPIN.

Ma foy, vous eſtes fourbe, & le plus grand d'Eſpagne.
Mais j'ay bien d'autres ſoins que vos folles amours,
Et qui me touchent plus ; changeons donc de diſcours.
A quoy bon, cher Monſieur, ce mortel équipage ?
A quoy ce piſtolet inſtrument de carnage ?
A quoy bon ce poignard ; cette eſpée ? & pourquoy,
Tant de fer, & vouloir que j'en prenne auſſi, moy.

DOM PEDRE.

Ie te mene à la gloire :

CRISPIN.

         Ah, ie m'apelle gloire,
Ie ne tachay iamais d'auoir place en l'hiſtoire.
Vous n eſtes pas pluſtoſt deliuré de priſon,
Que comme vn furieux, vn homme ſans raiſon,

                     Au

Au fortir d'vn mal-heur vous entrez dans vn autre,
Ie ne voy point d'efprit bafty comme le voftre.
DOM PEDRE.
Ignorant mon deffein.
CRISPIN.
Ie croy qu'il eft fort beau,
Vous allez vous baigner ? ou bien laiffer dans l'eau
Mille falles acquefts que voftre Seigneurie
Aura peut-eftre faits dans la Conciergerie ?
Allez-vous prés du Pont dérober les paffans ?
Enfin qu'allez-vous faire, homme de peu de fens ?
DOM PEDRE.
Ie me vay battre.
CRISPIN.
Et quoy, vous en taftez encore !
Au nom de Dieu, Monfieur, que vos deffeins j'ignore,
Et de grace, efcoutez quatre mots feulement.
On ne nagea iamais plus pitoyablement
Que moy, fi pour cela vous cherchez la riuiere ;
Si c'eft pour le combat, ie recule en arriere,
Vous m'auez veu cent fois de vos yeux reculer ;
Ie pourrois vous feruir fi vous alliez voler ;
Mais ie ne le croy pas. Permettez-moy, beau Sire,
Puifque vous me fçauez tres habile homme à nuire,
Que ie fuis trop prudent, & vous trop hazardeux
Que ie m'aille ébaudir pour vn quart d'heure ou deux.
DOM PEDRE.
Ouy ie te le permets : Mais tantoft, ie protefte
Si tu dis où ie fuis.
CRISPIN.
Ie me doute du refte.
Adieu, Monfieur, adieu.
DOM PEDRE.
Voicy le lieu fatal,
Ou j'efpere acquerir vn honneur fans égal.
Mais quelqu'vn vient icy : ce font mes hômes mefme.
Cachons-nous.

G

SCENE II.

LA TAILLADE. 4. BRAVES.

LA TAILLADE.

Grace à Dieu, peu de visages blesmes
Entre quatre Bretteurs que nous sommes icy ;
Mais ils sont tous choisis par la Taillade aussi.
Mes braues compagnons, nous deuons rendre compte
De cinq cens escus d'or, ou de la mort d'vn Comte :
Nous sommes bien payez soyons loyaux Marchans,
Ie hay plus que la mort tous les hommes meschans.
Si j'estois bien payé pour mettre à mort mon frere
Ie le ferois mourir sans faire de mistere.
Amorçons nos fuzils, visitons nos cousteaux,
Et n'allons pas icy, Messieurs, faire les veaux :
Si nous operons mal, nulle misericorde ;
Il y va de la rouë, ou du moins de la corde.
Nostre homme vient à nous, ie m'en vay l'amuzer,
Mais sur tout, prenez garde à bien harquebuzer ;
Ajustez bien vos coups sans faire d'equiuoque ;
Paroissez à propos, quand il faudra qu'on choque.
Cachez-vous cependant dans ce vieil bastiment.

SCENE III.

LE COMTE. DOM PEDRE. LA TAILLADE.
3. Braues.

LE COMTE.

CAualier. ie n'ay pû venir plus promptement;
Mais sçachons si c'est vous que ie doy satisfaire

LA TAILLADE.

Ouy c'est moy.

LE COMTE.

Ie ne ſçay ce que j'ay pû vous faire;
Car ie ne penſe pas vous auoir iamais veu.
Ha traiſtres ! tant de gens me prendre à l'impourueu,
Mais quand bien vous ſeriez encore dauantage,
Ie vous ferois perir.

DOM PEDRE. *Tuant vn des Braues*
d'vn coup de piſtolet.

Ie ſuis pour vous ; courage.
Le plus meſchant eſt mort.

LA TAILLADE.

Mon arme a pris vn rat.

DOM PEDRE.

Ils fuyent les poltrons.

LE COMTE.

Suiuons les.

LA TAILLADE. *En fuyant.*

Quelque fat
Se ſeroit aſſommer.

DOM PEDRE.

Laiſſez, laiſſez-les viure.
Songez à vous deffendre, au lieu de les pourſuiure.

LE COMTE.

Me deffendre ! & de qui ?

DOM PEDRE.

De moy.

LE COMTE.

De vous !

DOM PEDRE.

De moy.

LE COMTE.

Pourquoy me voulez-vous tant de mal ?

DOM PEDRE.

Ie le doy.

LE COMTE.

Vous m'auiez obligé de me venir deffendre,
Et mes biens-faits pouuoient ſans doute vous le rédre:
Mais ſi me deffendant vous m'auiez obligé,

M'apellant au combat vous m'auez outragé :
Sans vouloir penetrer dans cette extrauagance,
Ie veux bien contre vous me battre à toute outrance :
Mais deuant, contentez ma curiofité,
Et ne vous couurez plus d'vn vifage emprunté.

DOM PEDRE.

Vous n'y trouuerez pas vn grand fujet de joye.

LE COMTE.

Il ne m'importe, oftez le mafque, & qu'on vous voye.

DOM PEDRE.

Ie l'ofte.

LE COMTE.

O Dieu! c'eft vous Dom Pedre, & qui l'euft cru?

DOM PEDRE.

Ie penfe auoir payé ce que ie vous ay du :
De voftre part auffi vous en ferez de mefme ;
Et me fatisferez.

LE COMTE.

Mon regret eft extréme,
D'auoir à me feruir de mon bras contre vous.

DOM PEDRE.

Ie le croy : Mais enfin que diroit-on de nous.
Ne differons donc plus, banniffons la tendreffe,
Ne faifons plus agir que la force & l'adreffe.

LE COMTE.

Deffens toy, nous faifons trop languir noftre hôneur.

DOM PEDRE. *L'efpée fe rompt.*

Du premier coup ie fuis fans efpée ? ô mal-heur !

LE COMTE.

Il faut mourir, Dom Pedre, ou demander la vie.

DOM PEDRE.

I'aime mieux mille fois qu'elle me foit rauie
Que de la demander, fay ce que tu pourras.

LE COMTE,

Ta mort eft en mes mains.

DOM PEDRE.

Et ma vie en mes bras.

LE COMTE.
Non non , de ta valeur la mienne eſt trop épriſe,
Ie t'attendray, cours viſte, & reuien ſans remiſe
Lors que tu te ſeras d'vn autre fer pourueu.

DOM PEDRE.
O Dieu ! faut-il encor qu'vn mal-heur impreueu
Me ſurprenne , & me rende enuers vous redeuable,
Ie reuiens à l'inſtant.

LE COMTE.
Du corps d'vn miſerable,
Ie ne me trouue pas fort bien accompagné,
Et ie pourrois de meurtre en eſtre ſoupçonné.
Taſchons donc de ietter au fonds de la riuiere
Ce corps, dont les corbeaux deuoient eſtre la biere.
Ie voy du monde ; Il faut l'aller ietter plus bas.

SCENE IV.

CRISPIN. BEATRIS. LEONORE.
CASSANDRE.

CRISPIN.
LEs porteurs ſont forbus.

BEATRIS.
Ou pour le moins bien las.

CRISPIN.
Madame, c'eſt icy que j'ay laiſſé mon Maiſtre
Ie ne ſçay pas pourquoy, pour ſe battre peut-eſtre.

LEONORE.
Il n'y paroiſt perſonne. Ha ie n'en doute plus,
S'en eſt fait : & nos pas ſont icy ſuperflus
Si l'vn d'eux, ou tous deux ont acheué de viure,
Ils m'auront enſeigné par où ie les doy ſuiure
N'en doutez point Caſſandre, en vn mal-heur pareil
De mon ſeul deſeſpoir ie ſuiuray le conſeil.
Alors aymable ſœur d'vn peu ſincere frere,

G iij

Peut-estre ferez-vous ce qu'il auroit dû faire,
Vous aurez de mes maux quelque compassion.

CASSANDRE.

I'ay besoin comme vous de consolation.
Nous craignôs vous & moy pour deux aimables freres,
Nous ne craignons pas moins pour leurs chers aduer-
　faires,
Ie ne vous trouue pas plus à plaindre que moy.

LEONORE.

O Dieu! n'est-ce pas là le Comte que ie voy,
Sans chapeau, sans casaque, au bord de la riuiere?
D'vn funeste accident j'ay la peur toute entière,
Ie le voy dans l'estat qu'on est quand on se bat,
Ie n'en doy plus douter ils ont fait leur combat,
Il est seul, & mon frere aura perdu la vie,
Et le barbare Comte à sa rage assouuie,
Et mon mal-heur est tel, que si j'oze songer
A me venger sur luy, c'est sur moy se venger
Allons, Cassandre, allons trouuer ce sanguinaire,
Allons luy demander vostre amant, & mon frere;
O meschant, que mes yeux ont peine à regarder
Qu'as-tu fait de mon frere?

SCENE V.

LE COMTE. LEONORE. CASSANDRE.
CRISPIN. BEATRIS.

LE COMTE. *Sortant du bord de l'eau.*
　　　　Auois-je à le garder.

LEONORE.

Ouy, traistre tu l'auois si ton ame cruelle,
M'auoit aimée autant, que ie te suis fidelle.
Que tu te sçais bon gré, dy-moy la verité,

De m'auoir fait ouïr vne brutalité ?
Auois-je à le garder ! ô responce barbare !

LE COMTE.

Madame, il n'est pas mort: Mais vostre esprit s'égare.

LEONORE.

Perfide! mon esprit, n'a point à s'égarer :
Il s'égara dessors qu'il t'oüit soûpirer,
Que sur de faux soûpirs, & sur de fausses plaintes,
Il crut trop ayzément à tes promesses feintes:
Mais tu sçais bien mô foible, & que j'ay trop d'amour,
Tu peux impunément m'offencer chaque iour.
Si du bien que ie pers le penser m'est funeste,
Il ne me l'est pas moins pour celuy qui me reste,
Tout ingrat que tu m'es, ie ne te puis hair,
Et ma bouche ne peut long-temps mon cœur trahir.

LE COMTE.

Consolez-là, ma sœur.

CASSANDRE.

Console-moy toy-mesme,
Tu m'es plus odieux, cent fois qu'elle ne t'ayme.

LE COMTE.

Ie croy qu'vn mesme mal vous fait parler ainsi.

CASSANDRE.

Ouy, Dom Pedre m'aimoit, & ie l'aymois aussi.

LE COMTE.

Ie vous trouue en sa mort toutes deux bien à plaindre.

CASSANDRE.

Peut-estre verras-tu que ie suis bien à craindre.

LE COMTE.

Cependant que ma sœur pleutera le trespas
De cét aymable mort, qui pourtant ne l'est pas.
Madame vous plaist-il. Mais ie voy vostre Pere:
Qui me vient demander encore vostre frere.
Si ce mort reuenoit, il m'épargneroit bien
Des contestations qui ne seruent de rien.

SCENE VI.

DOM FELIX. vn PREVOST & ſa ſuitte.
LEONORE, &c.

DOM FELIX.

NE l'apperçoy-je pas ma déloyalle fille?
Cét opprobre honteux d'vne illuſtre famille,
Mais le Ciel iuſte enfin me l'a fait retrouuer,
Et ſon amant icy ne la ſçauroit ſauuer.

LE COMTE. *A part.*

Ce vieillard & ces gens me donnent de la peine.

LE PREVOST.

Monſieur, vous eſtes pris, la reſiſtance eſt vaine.

LE COMTE.

Et qu'ay-je fait, Meſſieurs?

DOM FELIX.

      Tu me viens de tuer
Vn fils, & tu me dois auſſi reſtituer
L'honneur que m'rauit vne fille enleuée.

LE COMTE.

Si Dom Pedre eſt viuant, ſi ſa ſœur eſt trouuée
Qu'auray-je fait encor?

DOM FELIX.

     Tu t'en ris inhumain.
Et ton habit ſanglant, & ta ſanglante main
Ne conuainquent que trop ton ame meurtriere.

LE COMTE.

Qu'aurois-je fait du corps?

DOM FELIX.

     Il eſt dans la riuiere.

LE PREVOST.

On vous l'a veu ietter.

DOM FELIX.

     Le voila bien confus.

LE COMTE.

Et bien vous me tenez, ne contestons donc plus.

LE PREVOST,

S'il vit, vous n'aurez pas grand sujet de vous plaindre.

DOM FELIX.

Tant que ie l'aye veu viuant j'ay tout à craindre.
Qu'as-tu fait de ton Maistre ?

CRISPIN.

Armé comme vn voleur
Il est tantost venu iusqu'icy.

DOM FELIX.

Mon mal-heur
N'est que trop aueré !

CRISPIN.

Le regard fort funeste,
Et l'esprit fort hargneux. I'ignore tout le reste.
I'ay couru vous chercher, & ne vous trouuant pas
I'ay trouué vostre fille, elle a doublé le pas
En Basque, & cette Dame est venuë auec elle.
De tout ce qui sçay c'est le recit fidelle.

DOM FELIX.

Helas mon fils est mort !

CRISPIN.

Il estoit fort mortel,
Si péu que ie l'ay veu, ie l'ay reconnu tel.

DOM FELIX.

Oste-toy, mal plaisant & froid bouffon.

LEONORE.

Mon Pere.

DOM FELIX.

Ozes-tu me parler sans craindre ma colere ?
Ozes-tu sans rougir paroistre au iour ainsi ?

CRISPIN.

Défachez-vous mortels, ie voy venir icy,
De tant de gens faschez l'infaillible remede,
C'est comme qui diroit, Dom Pedre de Cespede.

SCENE VII.

DOM PEDRE. LE COMTE. DOM FELIX.
LEONORE. CASSANDRE. BEATRIS.
CRISPIN, &c.

DOM PEDRE.
MOn Pere & des Archers :
LE COMTE.
　　　　　　　Et bien ton fils tué,
Impetueux vieillard, t'est-il restitué ?
DOM FELIX.
Ie te reüois encore agreable surprise !
CRISPIN.
Où ie me trompe fort, l'affaire est en sa crize.
DOM PEDRE.
Il entre du Crispin icy : Mais si tantost
Ie te trouue à l'écart.
CRISPIN.
　　　　　　Ha foüillez-moy plustost,
Si j'ay parlé de rien.
LE COMTE.
　　　　Dom Pedre, l'on m'arreste,
Pour vous auoir tué.
DOM FELIX.
　　　　Non, c'est à ma Requeste,
Pour auoir enleué ma fille ; & ie prevens,
Qu'vn mariage seul peut nous rendre contens.
LE COMTE.
Dom Felix ce n'est pas par tant de violence,
Que tu deuois tascher d'auoir mon alliance.
Quand tout le monde entier prendroit party pour toy,
La chose dépendroit encor toute de moy.

Mais de puiſſans motifs en ta faueur combattent,
Et les fiers ſentimens de mon ame s'abattent.
Ie connois ton merite, & ſçay ta qualité,
Et tu ſçauras auſſi ma generoſité.
Ie ne refuſe plus d'eſpouſer Leonore :
Mais d'vn frere perdu la douleur dure encore.
Triſte & couuert de deüil ſous l'hymen m'engager,
Eſpouſer vne ſœur ? d'vn frere ſe venger !
Sont-ce des actions qui s'accordent enſemble !
Il les faut accorder, l'hymen nous aſſemble,
Il faut hayr le frere, il faut aymer la ſœur,
Il faut croire l'amour, il faut croire l'honneur,
La raiſon veut auſſi que ie vous ſatisface.

DOM PEDRE.

A cét honneur inſigne adjouſtez vne grace,
Peut-eſtre ignorez-vous, que j'ayme voſtre ſœur
Auec tous les reſpects, auecque tout l'honneur,
Qu'elle peut exiger d'vn eſclaue fidelle :
Elle ſçait les tourmens que j'ay ſouffers pour elle,
Et que pour ſon ſujet le deſtin a permis,
Le funeſte accident qui nous rend ennemis :
Le Ciel me ſoit teſmoin, que deffendant ma vie,
Qnand ſans voſtre ſecours elle m'eſtoit rauie,
Si j'euſſe reconnu l'autheur d'vn tel deſſein,
I'euſſe à ſon fer cent fois laiſſé percer mon ſein,
Ou peut-eſtre cherché mon ſalut en ma fuite,
Pluſtoſt que repouſſer ſon ardente pourſuite.
Ie me vis attaqué d'vn ieune homme en fureur,
Et comme il me preſſoit, auec plus de vigueur
Que les laſches poltrons, que nous miſmes en fuite,
Iugez où ma valeur ſe trouua lors reduite.
I'auois à me deffendre, ou j'auois à mourir :
Preſt de perir moy-meſme, ou de faire perir,
Il eſt plus naturel de choiſir l'vn que l'autre,
Et c'eſt comme arriua mon mal-heur & le voſtre.
Mais Monſieur me donnant Caſſandre, cét honneur
D'vn ennemy vous fait vn frere, vn ſeruiteur.

LE COMTE.

Vous aymez donc ma sœur, Dom Pedre?

DOM PEDRE.

Ie l'adore.

LE COMTE.

Elle est à vous, & moy ie suis à Leonore.

LEONORE.

Mon Pere, pardonnez.

DOM FELIX.

Tout n'a que bien esté,
Hazardant vostre honneur vous l'auez augmenté.

LE COMTE. *A Dom Felix.*

Allons chez vous, Monsieur, car vn logis funebre
N'admet point d'action si gaye & si celebre,
Que celle dont vn iour nos illustres neueux,
Si la bonté du Ciel en accorde à nos vœux,
Auront à se vanter chez les races futures,
Tant de nos procedez, & de nos auantures,
Que de l'estat heureux, ou l'amour nous a mis,
Nous faisant appeller, Genereux Ennemis.

CRISPIN.

Beatris de mon cœur.

BEATRIS.

Cher Crispin de mon ame.

CRISPIN.

De ces heureux Amans faisons l'épitalame.

BEATRIS.

I'en suis : souhaitons leur des filles & des fils
De l'humeur de Crispin.

CRISPIN.

Ou bien de Beatris.

Fin du Cinquiéme & dernier Acte.